ケースで学ぶ

価値共創
マーケティングの
展開

新たなビジネス領域への挑戦

村松潤一　藤岡芳郎　今村一真 [編著]

同文舘出版

まえがき

　マーケティングの理論と実践という視点から，価値共創および価値共創マーケティングを概念化し（『価値共創とマーケティング論』同文舘出版，2015年），翌 2016 年には，『ケースブック　価値共創とマーケティング論』（同文舘出版）を出版した。

　しかし，この間，企業を取り巻く環境は大きく変化し，ますます，価値共創および価値共創マーケティングの理論と実践が求められるようになってきた。というのも，価値共創マーケティングは，顧客の消費プロセスで顧客にとっての価値を共創することであり，そこは，企業にとって，新たなビジネス領域となるからである。一方，今日，シェア経済と呼ばれるように，人々の関心は，所有から利用へと移行しつつあり，そこにおいては，これまでのような所有を促すためのマーケティングでは不十分である。新たな価値は利用によって生まれるのであり，そのことに焦点をあてたのが価値共創マーケティングである。そして，この新しいマーケティングの舞台は，今日，市場を超えた生活世界という新たな時空間にあり，そこで，企業は顧客が単独で行う価値創造に主体的に参画することで価値共創へと顧客を導き，そこから新たなビジネス機会を得る。言い換えるなら，価値共創マーケティングは，生活世界での新たなビジネス創造を担うものとして機能する。

　さて，改めるまでもなく，価値共創および価値共創マーケティングに関する一連の研究成果は，日本マーケティング学会におけるリサーチプロジェクト「価値共創型マーケティング研究会」における活動に負うところが大きい。巻末にあるように，記念すべき第 1 回研究会は，2013 年 5 月 11 日に広島大学東千田キャンパスで開催され，それ以降，東京（主として広島大学東京オフィス）と大阪（大阪産業大学梅田サテライトキャンパス）で年に 2 回ずつ，計 4 回，そして，日本マーケティング学会の春のリサプロ祭りを含め，昨年 2019 年までの開催回数は実に 33 回となっている。さらに，毎年のカンファレンスでの研究会開催を加えるなら，実に 40 回を数え，この間の参加者も延べで 1,000 名を超えるものとなっている。このように，価値共創および価値共創マーケティングに対する関心は，今日，非常に高いといえる。

i

いうまでもなく，日本マーケティング学会は，理論と実践の融合を意図しており，「価値共創型マーケティング研究会」においても，幸いにして，研究者のみならず，多くの実務家の参加を得ることができ，そこでの活発な議論は，価値共創マーケティングの理論化を進める際に大いに役立ったといえる。本書は，ケースブックとしては，第二弾にあたり，前書の発刊からすれば，すでに4年間の歳月が流れているが，研究会の議論で得られた知見が活かされているのはいうまでもなく，価値共創マーケティングの体系化は一層進んでいる。したがって，事例の解釈も，これまで以上に緻密に行うことが可能になったといえる。本書は，以上のことを背景として，発刊されることとなったものであり，執筆者については，前書と同じように，研究会を通じて募ることとした。

　まず，価値共創マーケティングをどのように捉えるかについては，第1章で詳しく論じられており，その際の鍵となる概念が「サービス関係」，「サービスの未等価交換」，「情報の逆非対称性」，「文脈マネジメント」，「4Cアプローチ」としてまとめられている。特に，contact, communication, co-creation, value-in-contextからなる「4Cアプローチ」は，戦略手法としてだけでなく，分析手法としても有用なものであることが述べられている。したがって，本書の各章では，必要に応じて，4Cアプローチによる分析がなされている。ちなみに，今回，取り上げた企業は，パナソニック，サンスター，キヤノン・マーケティング・タイランド，台湾KFS社，ドン・キホーテ，中川政七商店，有限会社中勢以・「京中」，スターバックス，HATAGO井仙，旧摩耶観光ホテル，ソニックガーデンであり，それらの産業，業種・業態は実に多岐にわたっている。読者にあっては，これら企業を価値共創および価値共創マーケティングの視点から捉え直すことで，必ずや新たな発見が得られるものと確信している。

　最後になったが，前書と同じく同文舘出版の前取締役編集局長の市川良之氏には，大変お世話になった。改めて感謝申し上げたいと思う。また，その後を引き継いでいただいた，専門書編集部の有村知記氏には，きめ細かな対応をしていただき，心より，お礼申し上げたいと思う。

2020年8月

村松潤一　藤岡芳郎　今村一眞

目　　次

ケースで学ぶ
価値共創マーケティングの展開
―新たなビジネス領域への挑戦―

第 1 章

価値共創マーケティングとは何か

第 1 節　はじめに

　Vargo and Lusch［2004］による S-D ロジック，Grönroos［2006］による S
ロジックが提示されてから，約 15 年が経過した。彼らの主張は，サービスを
プロセスとして捉えることにあり，そのプロセスを通して新たな価値（文脈価
値，利用価値）が企業と顧客によって共創される。よって，これまでのように
企業が事前に価値を決め，モノであればそれを埋め込むという理解からすれ
ば，両ロジックはまさにコペルニクス的転回ともいえる画期的な考え方といえ
る。そして，彼らは，こうしたロジックによる新たなマーケティングの組み立
ては，他の研究者に委ねられるとした。

　このことを受け，その後，世界的なレベルで両ロジックのマーケティング研
究への落とし込み，言い換えるなら，プロセスとして捉えるサービスを軸とし
たマーケティング理論と手法の構築が試みられている。そうした中，わが国で
は，マネジリアルなアプローチをみせる S ロジックを中心にしながらも，独
自に新たなマーケティング理論の創出が試みられ，「価値共創マーケティング」
として概念化された（村松［2017b］）。

　本章では，4Ps（製品：product, 価格：price, プロモーション：promotion,
チャネル：place）を中心とした伝統的なマーケティングとの対比を念頭に置き
ながら，価値共創マーケティングとは何かを明らかにする。その手順は，ま
ず，価値共創マーケティングの対象が伝統的マーケティングでいう市場ではな
く，顧客が日常を暮らす生活世界にあることを示すとともに，そこから新たな

ビジネスチャンスが生まれる可能性について述べる。次に，マーケティングの本質である創造性と統合性を価値共創マーケティングがどのように担保するかについて検討する。また，価値共創マーケティングを推進する企業システムについても言及する。そして，価値共創マーケティングを考えるうえでの鍵となる諸概念について明らかにする。最後に，本章のまとめとして価値共創マーケティングの課題と今後の展望について明らかにする。

第2節　マーケティングの新たな対象領域と目的，創造性と統合性，企業システム

1　対象領域と目的

　アメリカ生まれのマーケティングが市場を対象としてきたのはいうまでもない。つまり，マーケティングは消費者あるいは顧客とのより良い市場取引を実現するために，これまでさまざまな理論と手法を生み出してきた。端的にいえば，それは，市場での交換価値をいかに高めるかのマーケティングであった。そのため，マーケティングの関心は最終的な取引相手に向けられ，市場における彼らの購買行動の解明に多くの時間が割かれてきた。

　つまり，これまでのマーケティングは市場で完結するモデルを想定してきたのであり，取引後の顧客については，あまり関心を寄せることはなかった。確かに，アフターサービス等を通じて顧客と接点を持つことがあるが，そこから新たな価値が生まれるわけではなく，それは副次的なものであった。また，Lazer and Kelly［1973］のソーシャル・マーケティングでは，モノの使用段階で購買者や環境に対する影響に配慮したマーケティングが主張されたが，それは，あくまでもモノの交換価値を高めることに最終的なねらいがあった。

　しかし，こうした考え方は，S-Dロジック，Sロジックが提示されて以降，大きく変わることになった。なぜなら，モノやサービスは，使用，利用される

ことで価値（文脈価値，利用価値）が生まれると両ロジックは考えたからである。そして，前述の如く，わが国では，村松 [2017b] によって新しいマーケティングとしての価値共創マーケティングの組み立てが行われたが，その際の留意点は以下の通りであった。つまり，新しいマーケティングが，いつ，どこで，どのように，行われるかという視点から，第一に，「いつ」，「どこで」，については消費プロセスにおいて，第二に，「どのように」，については直接的相互作用によって，というように限定した。言い換えれば，市場を超えた生活世界という時空間を念頭に置きつつ，消費プロセスにおける直接的相互作用の一翼を担うものとして新しいマーケティングを捉えたのである。

　ここで，間接的なサービス提供を排除し，また，消費プロセスにおける直接的な相互作用に限定したのは，そうすることが新しいマーケティングを明確に浮かび上がらせることにつながり，伝統的マーケティングとの混同を避けることができると考えたからである。なぜなら，間接的なサービス提供によるものも価値共創に含めるなら，マーケティングとしては，事前的な価値の埋め込みを想起することになってしまい，結果的に，これまでの伝統的マーケティングに帰結してしまうからである（村松 [2015a]）。また，ここでいう消費プロセスとは，モノあるいはサービシィーズの使用・利用プロセスを意味しており，交換価値とは異なる新たな価値が共創される，まさにその時空間に新しいマーケティングの焦点をおいたのである。そして，以上のことを踏まえることで，新たな対象領域と目的をマーケティングに与えることになった。

　具体的には，市場に代わる生活世界という対象領域であり，また，交換価値に代わる文脈価値あるいは利用価値の向上という目的である。ここでいう生活世界とは，人々（顧客）が日々の暮らしを営む時空間，つまり，顧客の消費プロセスであり，価値創造者（Grönroos [2006]）として，顧客はそこで主役を演じる。そして，自身のナレッジ・スキルが不足する場合，直接的なサービスという形で他者からナレッジ・スキルの提供を受け，相互作用が繰り広げられるプロセスの中で価値共創が行われる。よって，そこにおいて，企業が他者として提供するサービスこそが文脈価値あるいは利用価値の向上を意図する新し

いマーケティングの中核をなすということであり，その対象領域は生活世界そのものとなる。そして，村松［2017b］では，価値共創は「消費プロセスで企業と顧客が直接的相互作用によって文脈価値を生み出すこと」（14頁）として，また，サービスを軸とした新しいマーケティング（価値共創マーケティング）は「消費プロセスで直接的相互作用によるサービス提供を通じた顧客との共創によって文脈価値を高めるマーケティング」（15頁）として定義された。

　そこで，伝統的マーケティングと新しい価値共創マーケティングを比較するなら，図表1-1のようになるが，価値共創マーケティングにおいては，これまでのように企業と顧客が市場で対峙するというのではなく，両者は生活世界において新しい関係のもとで理解されることになる。その際に重要となってくるのが，サービスが意味するのは，与え手ではなく受け手がそれを主導するということであり，そこに，新たな社会が生まれるということである。

　そして，以上のことからすれば，価値共創マーケティングをmarketingと呼び続けることについて，改めて考えることが必要になったともいえる。つまり，それは市場ベースのマーケティングからの脱却を意味している。

　しかし，重要なことは，価値共創マーケティングは伝統的マーケティングを代替するものではなく，両者は互いに補完し合うことで人々の生活に潤いをもたらすということである。なぜなら，生活世界で必要な多くのモノは，これまで通り市場で購入されるのであり，人々にとって市場は不可欠な存在だからで

図表1-1　伝統的マーケティングと価値共創マーケティングの対比

伝統的マーケティング		価値共創マーケティング
生産プロセス（市場）	対象領域	消費プロセス（生活世界）
モノの交換価値の向上	目　的	サービスによる文脈価値の向上
生産プロセスへの顧客の取り込み	方　法	消費プロセスへの企業の入り込み
企業が交換価値を決め，顧客とのより良い市場取引に臨む	内　容	顧客が決める文脈価値を直接的相互作用により共創する
G-Dロジック，Gロジック	論理基盤	S-Dロジック，Sロジック

出所：村松［2017b］を一部加筆。

4

ある。また，価値共創の視点からすれば，生活世界での企業と顧客の価値共創
にあって，モノが必要であれば，一緒になって市場で購入したり（共同購入），
場合によっては，一緒になって開発したりするのであり（共同開発），市場と
の関係は切り離せない。よって，描くべき新しい社会は，これまでのように市
場を中心としたものではなく，日々の暮らしが営まれる生活世界を中心とした
社会なのである。実のところ，人々はそのほとんどの時間を生活世界での日常
に費やすのであり，必要に応じて，市場と関わりを持つにすぎない。言い換え
るなら，伝統的マーケティングは，そのわずかな時間における市場取引に最大
限の関心を持ってきたのである。

　一方，価値共創マーケティングが目を向けるのは膨大な時間が流れる生活世
界という時空間であり（**図表 1-2**），対応の仕方によっては，そこからまった
く新たなビジネスチャンスが生まれることになる。また，所有から使用・利用
に人々の関心が移行し，いわゆるシェアリングエコノミーといわれる時代に
あっては，所有権の移転を意図してきた伝統的マーケティングそのものの有効
性は相対的に低下すると考えられ，次なるビジネスチャンスが得られる生活世
界はマーケティングにおける新たな時空間でもあり，それは，これまでにない
ビジネスの創造につながっていく。

　そして，こうした市場と生活世界を内包する新たな社会をここではサービス
社会（村松［2018］）と呼ぶ。それは，情報社会の本質はサービス社会にある
という考え方に依拠しており，後述するように，情報通信技術（ICT）の発展
がもたらした新しい社会といえる。

図表 1-2　サービス社会とマーケティング

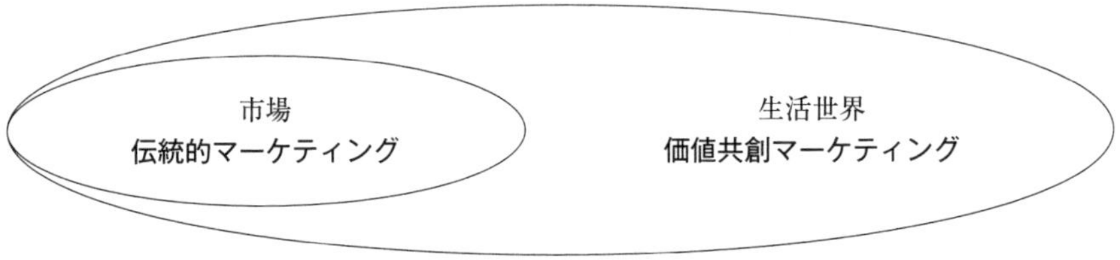

|市場
伝統的マーケティング|生活世界
価値共創マーケティング|

出所：筆者作成。

5

2 共創領域の拡張と創造性

　さて，マーケティングの本質が創造性と統合性にあることは，村松［2009］によって明らかにされている。しかし，それは伝統的マーケティングの議論において示されたものであり，新たな価値共創マーケティングにおいて，その妥当性を確認する必要がある。

　前述の如く，価値共創は顧客の消費プロセス，つまり，生活世界で行われる。そのために，企業は価値共創マーケティングをして顧客の消費プロセス（生活世界）に入り込む必要があるが，それを可能にしたのは，今日の ICT である。というのも，IoT（Internet of Things），IoE（Internet of Everything），IoH（Internet of Human）等が示すように，すべてのモノとモノ，モノとヒト，ヒトとヒトがつながることが可能になった現在，マーケティングはいつでもどこでも顧客の生活世界に入り込めるのであり，企業と顧客は一緒の関係にあるということをその前提に置くことができる。この点，伝統的マーケティングが想定してきたのは，離れた企業と顧客の関係であり，顧客に近づくための理論と手法を数多く提供してきた。たとえば，マーケティング・リサーチは，顧客のニーズに近づくために古くから行われてきたマーケティング手法であり，4Ps を中軸に据えた伝統的マーケティングそのものが離れた顧客に近づくためのものであり，とはいえ，顧客とは依然として離れたまま展開されるものであったといえる。

　話を戻すなら，企業と顧客が一緒という関係においてなされるべきことは，サービス提供を軸とした，まさに顧客との価値共創そのものであり，それは企業と顧客の共創領域において行われる。よって，新しいマーケティングにとっての課題は，生活世界で価値創造者として行動する顧客をいかにして価値共創に取り込むかであり，さらには，共創領域そのものをいかにして拡張するかにある（図表1-3）。それは，伝統的マーケティングでいう市場創造にあたり，このことにより，価値共創マーケティングにおける創造性を顧客創造という形

図表 1-3　共創領域とその拡張

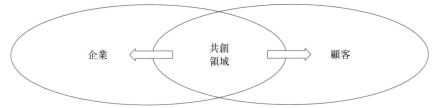

出所：筆者作成。

で担保することができる。よって，第一に生活世界への入り込みによる顧客との価値共創，第二に共創領域そのものの拡張，による顧客創造がビジネスチャンスを生み，これまでにない新たなビジネスが創造されていく。

3　資源統合と統合性

　伝統的マーケティングでは，4Ps のそれぞれがマーケティング・ミックスとして統合されるが，この統合性もまた伝統的マーケティングの本質を規定してきた。さらにいうなら，トップ・マネジメントレベルのマーケティング（マネジリアル・マーケティングや戦略的マーケティング）とミドルあるいはロワーレベル（マーケティング・マネジメント）は，統合的に把握されることで，マーケティングの全体的な理解が可能となる。そして，そこにおけるマネジリアル・マーケティングや戦略的マーケティングがマーケティングの視点から経営諸機能を統合する考え方であることは周知の如くである。さらに，こうした企業内部における統合だけでなく，企業間にみられる，いわば外部統合についても伝統的マーケティングは深く関与してきた。つまり，統合性は前述した創造性とともに伝統的マーケティングにおいて，その本質を言い表している。

　さて，S-D ロジックと同じように，価値共創マーケティングにおいても，サービスはナレッジ・スキルの適用として捉えられ，また，プロセスとしてのサービスにおいて強調されるのはSロジックがいうように相互作用そのものである。よって，価値共創においては企業と顧客のナレッジ・スキルがサービ

スという相互作用の中で交わされることになる。これらのナレッジ・スキルは企業や顧客にとってサービス・プロセスを推し進めていくための重要な資源であり，ナレッジ・スキルの適用を内実とする相互作用的なサービス・プロセスは，実は資源統合プロセスであると見なすことができる。それは，内部資源との統合（内部統合）に留まらず，それを可能にする外部資源の統合（外部統合）にまで及ぶ。したがって，ここにマーケティングにおける統合性という本質をみることができ，それは，伝統的マーケティングでいう統合性と整合的である。

4 価値共創型企業システム

次に，これまで述べてきた価値共創マーケティングを推進する企業は，**図表1-4**のように価値共創型企業システムとして示すことができる。つまり，企業は顧客と共創領域で価値共創を行うが，それは，同時に共創領域の拡張というマーケティングの本質である創造性を担うものでもある。言い換えるなら，この共創領域の拡張は，前述の如く，伝統的マーケティングでいう市場創造に対して生活世界での顧客創造と言い表すことが可能である。そして，こうした顧客と一緒の関係からすべてがはじまることから，価値共創マーケティングは

図表1-4　価値共創型企業システム

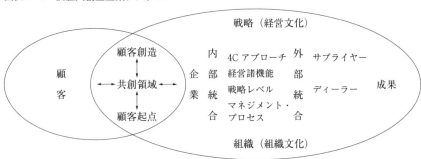

出所：村松［2015b］一部修正。

8

顧客起点のマーケティングでもあり，顧客創造を意図した価値共創起点のマーケティングでもある。

　そして，こうした企業と顧客の価値共創を支えるのが統合の仕組みであり，それは，すでに前述したように内部統合と外部統合からなる。内部統合には，価値共創を推進していくためのマネジメント・プロセス，戦略レベル，経営諸機能，さらに，後述する4Cアプローチ等の統合が含まれる。また，外部統合においては，サプライヤーとディーラーに対して企業間における統合がなされる。また，受け手が主導するというサービスの考え方に依拠すること自体，これまでとは異なる経営文化，組織文化を持つ企業であることがその前提にある。たとえば，戦略の時空間は市場ではなく生活世界にあり，その内容もそこでの顧客との相互作用の実現が基盤となる。また，顧客へのサービス提供は，顧客との接点を担う者のみならず，全組織レベルでの対応がなされるのであり，価値共創の円滑な推進のための組織づくりが必須となる。最後に成果である。この価値共創型企業システムのもとでは，成果は必ずしも市場における交換価値と結び付けて考えるというわけではない。この点については，後述するものとする。

第3節　鍵概念

1　サービス関係，サービスの未等価交換

　価値共創マーケティングが念頭に置く企業と顧客が一緒という関係は，サービス関係として捉えることができるが（村松[2018]），それには次のような意味がある。つまり，サービスの与え手と受け手からなるサービス関係においては，常にサービスの受け手がサービスを主導するということである。なぜなら，サービスはモノと違って事前につくっておくことはできず，受け手の求め

に与え手が応じることで始動し，相互作用プロセスを経て共創された新たな価値を受け手が判断することでサービスは終焉へと向かうからである。このようにサービスの本質は，受け手主導という点にあり，こうした受け手と与え手の関係をここではサービス関係と呼ぶ。この意味で，価値共創マーケティングは，新たなリレーションシップ概念を得たことになる。

　そして，こうしたサービス関係が成立するのは顧客の生活世界であり，それはサービスの時空間といえる。しかし，これまでそのことについて十分に理解されてこなかった。むしろ，サービスはモノと一緒に扱われ，市場取引の対象とされてきた。つまり，何らかの交換価値を持つものとして市場取引され，しかし，モノとは違い，サービスはその後の生活世界ではじめて買い手であったサービスの受け手によって始動されてきたのである。よって，そこにおいて企業と顧客は互いに不合理を強いられてきたといえる。たとえば，企業はサービス提供によって交換価値以上の文脈価値を共創しても，交換価値に基づいた市場取引はすでにおわっており，それ以上の収益を得ることはできない（機会収益の逸失）。逆に，十分な文脈価値が共創されなかった場合も，それは市場取引後のことであり，顧客が泣き寝入りすることなる（機会損失の転嫁）。本来なら，生活世界で提供されたサービスによって共創された新たな価値に等価の価格が設定されるべきであるが，これまでサービスはそれが提供される前に，いわば未等価での市場取引を求められてきた。これをサービスの未等価交換という（村松［2017b］）。そして，サービスに対し等価の考え方に立つなら，価値共創あるいは価値共創マーケティングの成果は，文脈価値に紐づけて考えることが妥当といえる。

2　情報の逆非対称性，文脈マネジメント

　ICT は，サービス社会を生み，企業と顧客におけるサービス関係を促進させることになったが，一方で，さまざまな主体間の情報格差を解消させることにもなった。たとえば，それまでの企業と顧客との間には，製品情報において

歴然とした情報格差が存在した。いうまでもなく，製品を生産するのは企業であり，その属性をはじめとし，事前に企業によって埋め込まれた価値，さらにはその製品に関するマーケティング情報等を一方的に把握するのは企業であった。これを情報の非対称性というなら，ICTは，顧客側にさまざまな情報を与えることとなり，企業と顧客との間にあった情報格差を一気に是正する方向に作用した。

　ところが，文脈価値の重要性が指摘されてから，これまでとは違った新たな状況が生まれた。なぜなら，文脈価値は顧客が独自に判断する価値であり，その共創プロセスに企業は参画するものの，すべての価値判断は顧客が一方的に行うのであり，そのことに企業は立ち入ることはできない。つまり，顧客が判断する文脈価値に関する情報を企業は把握できないのであり，ここに情報の逆非対称性（村松［2011］）が企業と顧客との間に成立することになった。そして，この文脈価値が厄介なのは，それが顧客の主観に依拠することから，その都度，顧客の価値判断が異なる可能性があるということである。よって，価値共創マーケティングにおいてより重要なのは，文脈価値がどのようなものか明らかにすることより，それがどのようなプロセスで共創されるかにある。

　しかし，一方で，この文脈価値の議論は企業をして新しいマネジメント（文脈マネジメント：村松［2017b］）を生むことになった。というのも，文脈価値は何らかの文脈（価値判断に与えるさまざまな影響要因）のもとで顧客が判断するものであるが，文脈それ自体は，企業がコントロールすることが可能だからである。むしろ，この文脈マネジメントの適否が顧客の価値判断に大きく影響すると考えられ，文脈マネジメントは，価値共創マーケティングにあって，重要なマネジメントの1つとなった。

3　4Cアプローチ

　冒頭，マーケティング研究の今日的な課題として，新しいマーケティングをどのように組み立てていくかを挙げたが，ここでは，これまでの議論を踏ま

え，価値共創マーケティングを推進していくための方法を 4C アプローチ（村松［2015a］）という考え方によって明らかにする。4C アプローチは，contact（接点），communication（コミュニケーション），co-creation（共創），value-in-context（文脈価値）からなるものであり，それは，第一に，戦略手法としての側面を持っている。よって，その構成要素である各 C は相互に関連しており，統合の対象となることはいうまでもない。以下，それぞれの C について述べていく。

（1）　Contact（接点）

　顧客の消費プロセスへの入り込みを旨とするのが価値共創マーケティングであり，それを可能にするのが ICT である。すべての主体がつながるのが今日の社会であり，プロセスとしてサービスを提供することは極めて容易となった。サービスの相互作用性を考えるなら，これまでリアルで行ってきた顧客とのやり取りがネットを通じていつでもどこでも誰とでも可能になった。

　重要なことは，リアルでもネットでも，いかにして，顧客との接点を持つかにあり，そこから価値共創マーケティングがはじまる。この点を踏まえるなら，これまで伝統的マーケティングの主体とされてきたメーカーは，ダイレクト・マーケティングの手法を採用したり，直営店の経営に乗り出したりしない限り，一般的には，卸売業や小売業を経由して顧客に到達する。つまり，基本的に顧客接点を有していないのがメーカーであり，それは，顧客と離れたままの伝統的マーケティングそのものといえる。よって，今日においては，いかにして，顧客接点を持つかが重要な課題となるが，これまで述べてきたように，ICT によって，自社製品等を通じてあるいは顧客と直接接点を持つことが可能になった。

　これに対して，小売企業はリアル店舗で顧客との直接的な接点を持ってきた。しかし，モノに主眼が置かれていた伝統的マーケティングのもとでは，「品揃え」と顧客の「購買行動」に最大の関心があったのであり，顧客接点は必ずしも十分に活かされてこなかった。さらに，サービス企業にあっては，そ

12

のすべてのサービス提供が顧客接点においてなされるが，これまで，サービスの一方的な提供に留まってきたのであれば，それはそれで大きな問題といえる。

そして，繰り返しになるが，今日はネット社会であることから，元々直接的な顧客接点を有してこなかったメーカーを含め，あらゆる企業がネット取引を通じて，顧客との接点を持つことが可能であり，それは，消費プロセスへの入り込みの第一歩となる。その意味で，今日の社会は，すべての企業に公平なビジネス機会を与えているといえ，すべての企業がサービス企業に成り得ると理解することが重要である。そして，価値共創マーケティングにあっては，顧客の消費プロセスに関心があり，そうした顧客接点は顧客とのプロセスとしてのサービスがはじまる起点として重要な意味を持つことになる。

(2) Communication（コミュニケーション）

次は，顧客接点を通じて消費プロセスに入り込むことを可能にした企業がどのように顧客とコミュニケーションを取るかの問題である。一般にコミュニケーションには，ワンウェイコミュニケーションとツーウェイコミュニケーションがあるが，いうまでもでもなく，ここで重要となるのはツーウェイコミュニケーションであり，それを可能にするのが，プロセスとしてのサービス提供である。なぜなら，サービスは与え手と受け手からなる相互作用プロセスそのものだからである。

そして，今日のICTがコミュニケーションの双方性をますます高めつつあるが，企業が顧客との間でどのようなコミュニケーションの仕組みを構築するか，そのもとでどのようなコミュニケーションを交わすかがむしろ重要となる。

(3) Co-creation（共創）

顧客接点でのツーウェイコミュニケーションの仕組みが整ったら，そこから，いよいよ価値共創の段階に入っていく。ところで，サービスとはナレッ

ジ・スキルという能力の適用（Vargo and Lusch［2004］）を意味するが，価値共創にあっては，それだけで十分というわけではない。企業と顧客の双方が価値共創に臨むという意志がなくてはならない。言い換えるなら，価値共創は能力に加え，意志の問題を扱わなければならない（村松［2009］）。そして，マーケティングの行為主体は企業であり，仮に企業に顧客と価値共創を行う意志はあるとしても，価値共創の中核にあるのは，いうまでもなくサービスであり，それが顧客によって始動されることを踏まえるなら，企業は顧客をそのような状況に導く必要がある。その意味で，企業は積極的な働きかけを顧客に対して行わなければならない。そのことは共創領域を拡張することにもつながっていく。

　そして，何よりも重要なことは，価値共創は企業と顧客がサービスを交わすことで成立するということであり，そのためには，互いにサービスの与え手，受け手として十分な役割を果たすことが不可欠となる。そのことが満たされることで，スパイラルアッププロセスとしての相互作用を描くことができ，より良い価値共創に到達することができる。つまり，相互作用（インタラクション）は価値共創マーケティングにとってきわめて重要な要素といえる。しかし，残念ながら，サービスの与え手，受け手のどのような能力がスパイラルアップにつながるか，言い換えれば，良好な相互作用をもたらすかの研究は必ずしも十分ではない。

(4)　Value-in-context（文脈価値）

　そして，最終的に文脈価値が共創されるが，前述したように，それがどのようなものかを明らかにすること以上に大切なことは，共創されるプロセスそのものにある。なぜなら，文脈価値は，おかれた文脈に強く依存するのであり，同じような文脈価値が繰り返して共創されるわけではないからである。よって，重要なことは，どのような文脈のもとで，どのような文脈価値が，どのように共創されたかを明らかにすることである。

　以上，戦略手法としての4Cアプローチを示してきたが，実は，分析手法と

して 4C アプローチを利用することも可能である。たとえば，事例研究等において，当該企業の価値共創あるいは価値共創マーケティングを分析する際には，有力な視点と方法を 4C アプローチは提供してくれることになる。

4　価値共創マーケティングの成果

　価値共創あるいは価値共創マーケティングの成果をどのように捉えるかの研究はさほど進んでいない。しかし，それには大きく 2 つの方向性が見出せる。つまり，交換価値と文脈価値のいずれに紐付けるかということである。そして，その際に重要なことは共創に伴うコストをどのように回収するかということである。ここでいう共創コストとは，顧客の消費プロセスに入り込み，共創のために展開される，サービスを中軸に据えたマーケティングに関わるコストのことである。したがって，前述した文脈マネジメントのためのコストもここに含まれる。

　まず，交換価値に紐付ける考え方によれば，たとえば，モノが市場取引された後，消費プロセスで生まれる共創コストは，交換価値に等価の対価として，すでに市場価格に織り込み済みであり，その限りにおいてマーケティングが展開されると考えられる。それは，たとえ共創のためであっても，そこでのサービスは想定された範囲内でしか提供されない。そして，そのこととは無関係に，共創された文脈価値と交換価値の対比から，前述したような機会収益の逸失あるいは機会損失の転嫁が起こる。

　一方，文脈価値に紐付けるなら，消費プロセスで生まれた共創コストは，そのまま計上され，それを組み込んだ価格が市場での取引価格とは別に新たに提示されることになる。しかし，文脈価値は顧客によって判断されるものであり，それに対する等価の対価として企業ではなく顧客が価格を決めるというのにも，確かな道理がある。そして，もし，価格を顧客が決めるのであれば，共創コストの多寡を考慮しながらも，最大限のマーケティング努力が顧客に向けられることになる。なぜなら，そのことによって努力に応じた見返りが企業に

もたらされるのであり，また，そのようにすることは，文脈価値を高めるという目的をもった価値共創マーケティングと整合的である。したがって，価値共創あるいは価値共創マーケティングの成果は，文脈価値に紐付けて考えることが適切といえる。そして，このことは，機会収益の逸失および機会損失の転嫁のどちらも回避することにつながっていく。さらにいうなら，それはサービスの未等価交換が是正されることにほかならない。

　さて，このように顧客が価格を決めるということに驚くかもしれないが，理論的にはすでにPWYW（Pay What You Want）方式の価格設定という形で研究対象となっている（Kim *et al.* [2009]）。また，それとは無関係に実践事例が存在する。愛知県にある「はづ別館」という旅館は，かなり以前から顧客が支払金額を決めている。つまり，宿泊客はチェックアウトの際，滞在中に受けたサービスによって得られた便益に対して，自分で料金を決め，支払っている。よって，顧客が価格を決めるということを，非現実的と決めつけるわけにはいかない。むしろ，顧客が判断する文脈価値に等価の対価として，顧客が価格を決めることには十分な合理性がある。したがって，今後，文脈価値に紐付けて価値共創あるいは価値共創マーケティングの成果を捉えていくことが重要である。

第4節　おわりに

　価値共創とは，あくまでも顧客にとっての価値を企業が顧客と一緒になって創り上げることをいうのであり，その際のサービスを軸としたマーケティングを新たに価値共創マーケティングと呼ぶ。そして，その舞台は，市場ではなく生活世界そのものとなる。これまでマーケティングは，企業がより良い取引の完徹を図るために，顧客にとってほんの一瞬でしかない市場にすべての努力を傾けてきた。一方，新しいマーケティングとしての価値共創マーケティングは，生活世界で膨大なまでの時間を過ごす顧客に向けたものであり，その実施

はそのまま新たなビジネスチャンスを生み，ビジネス創造につながっていく。

　ただし，価値共創マーケティングがその成果をどのように捉えるかについては共通の理解が得られていない。本章では，文脈価値に紐付けて価値共創マーケティングの成果を考えるべきであることを指摘した。というのも，今日，必ずしもモノの所有に拘らない，利用に伴うサービス提供が求められており，生活世界における価値共創マーケティングの展開がより進むと考えられるからである。そして，もし，そうであれば，共創された文脈価値に等価の対価という形での支払いは，まさに道理に叶ったものとして現実化していく可能性がある。今後は，こうした考え方のもとで，価値共創マーケティングの成果に関する理論的・実践的研究を進めていく必要がある。

（村松　潤一）

第 2 章　　パナソニック

最終顧客との接点の活用とは何か

第 1 節　はじめに

　産業革命後，大量生産の仕組みを確立した製造業は大量流通や大量販売を目指してマーケティング研究を進展させてきた。北米で発展した伝統的マーケティングは製造業の視点で市場を目指して商品を流通させるための研究であった。伝統的マーケティングは良い商品を大量生産することを中心に 4Ps をマネジメントして市場に効果的，効率的に届けることを目指した。そのために，製造業は生産した商品を自らの管理下で大量流通させようとした。この考え方は，最終消費者（顧客）の視点や顧客とのコミュニケーションなどの視点が希薄であった。企業中心の考え方は市場での交換後の世界に対して積極的に関わろうとすることよりも，商品を顧客に販売した後はアフターサービスと称して壊れたら直すことを主眼に活動をしてきた。

　20 世紀の製造業の代表的な企業が，本章で事例として採用するパナソニックである。小売業のダイエーと松下電器産業（現パナソニック）が流通システムの支配をめぐって争ったのは有名な事実である。残念なことに，両社ともに最終顧客のために争ったのではなく，自分たちの都合のために覇権争いをした経緯がある。松下電器産業が数十年かけて構築した流通経路（系列店）はピーク時には現在のセブン−イレブンを凌駕する規模であった。しかし，パナソニックは伝統的マーケティングの呪縛から系列店に対して十分な機能を果たすことができなかった。その後，パナソニックが伝統的マーケティングの考え方で実施した製品開発はプラズマテレビ，携帯端末の失敗となり深刻な危機に

陥った。

2012年に就任した津賀社長はパナソニックの現状と展望について,「現在の危機感はもう200％,深海の深さだ。今のままでは次の100年どころか10年も持たない」と述べている（日本経済新聞2019年2月10日朝刊）。

本章の目的は「なぜパナソニックがこのような事態になったのか」「今後の重要な視点」について伝統的マーケティングの4Ps分析と価値共創マーケティングの4Cアプローチで導出した知見を考察することである。

そこで,第2節でパナソニックの概要,理念,特長について概観する。これまでに同社を扱った先行文献や研究を伝統的マーケティングの4Psの視点でレビューした後に,現在のトップ・マネジメントの方針を確認する。第3節で生活者の時空間を重視する価値共創マーケティングの4Cアプローチの視点で検討する。第4節で考察して結論を述べる。

第2節　パナソニックの理念と活動

1　概要

創業者の松下幸之助は「水道哲学」を提唱して事業を推進した。「水道哲学」はモノが不足して,家電製品が高額であった時代に,誰でも水と同じように良いモノを安くどんどん購入できるようにしたいと考えた経営理念である。20世紀のパナソニックは伝統的マーケティングの考え方を基本に日本を代表する製造業へと大きく成長した。

図表 2-1　パナソニックの概要

・本社所在地：大阪府門真市大字門真 1006 番地
・代表取締役社長：津賀 一宏（Kazuhiro Tsuga）
・創業：1918 年（大正 7 年）3 月 7 日
・事業内容：部品から家庭用電子機器，電化製品，FA 機器，情報通信機器，および住宅
　関連機器等に至るまでの生産，販売，サービスを行う総合エレクトロニクスメーカー
・資本金：2,587 億円　　連結売上高：8 兆 0027 億円
・従業員数（連結）：259,385 人
・連結対象会社数：529 社

出所：「パナソニック HP」https://www.panasonic.com/jp/corporate/profile/overview.html（最終閲
　　覧日：2020 年 5 月 25 日）。

2　先行研究

(1)　20 世紀の松下電器産業のマーケティング政策

　松下電器産業は約 30 年間にわたりダイエーと流通の価格決定権をめぐって激しい争いを演じてきた。はじまりは 1964 年であり和解したのが 95 年である。ダイエーは松下製品を松下電器産業が設定した価格の 15％を超える値引きで販売した。松下電器産業が安売り販売から系列店を守ろうとしたことが争いの発端である。松下電器産業は出荷価格を管理するために一地域一販売会社制度を確立し卸価格を明確にした仕切制度をつくった。さらに系列店を支援するための販売報奨金制度などをつくった。

　一方のダイエーは安売りを武器に消費者の支持を集めて日本一の売上高の小売業へと膨張していった。創業者の中内功氏が掲げた理念は「良い品をどんどん安く，より豊かな社会を」実現することであった。この理念は松下幸之助が掲げた「水道哲学」と製造業と流通業の立場の違いがあるものの，根底は同じであった。製造業がシェア拡大を目指して大量生産を続ける結果，余剰品が安売り店へと正規の経路以外で流通することになり価格破壊の大きな原因になっていた。大量生産は量販店の大量販売と表裏一体の関係であった。松下電器産業はモノづくりの会社であり最終顧客のためではなく直接的に自分たちの政策

を実施するために系列店を管理していた。

　松下電器産業は大量生産に基づき事業部制による製品中心の縦割りの組織を編成した。マーケティング理論に沿って市場調査を重視して市場志向の生産活動を推進した。そこには，良い物をつくれば売れるという信仰，すなわち，顧客の要望ではなく自分たちの技術力に対する過信があった。

　松下電器産業は価格を決めるのはメーカーであると考えて，大量流通をするためにメーカーが理想とする流通政策を決めて管理した。系列店[1]はメーカーのマーケティング政策によって管理統制しやすい流通システムであった。

　販売促進は直接最終顧客に訴求するプル政策を重視した。テレビなどのマスメディアを積極的に活用して大量宣伝を実施した。顧客はテレビからの刺激に反応したら近くの系列店へ足を運びそこで商品説明を受けて購入した。系列店は松下電器産業があらかじめ設定した方法で販売して取り付け工事などを担った。顧客が使用するときに不具合が生じれば修理するアフターサービスの仕組みを構築した。

　このように，松下電器産業は製造業のマーケティング・マネジメントである4Ps で理解できる。伝統的マーケティングが目指した志向論の顧客に近づく政策であった。松下電器産業が守ってきた系列店は 20 世紀の後半から力をつけてきた家電量販店にシェアを奪われて厳しい環境下に陥っている。その後，急速に顧客の支持を失ったダイエーは業績が悪化して 2014 年 12 月に上場廃止，2015 年にイオンの完全子会社になった。

（2）　現在のパナソニックの方針

　松下電器産業は 2008 年に社名をパナソニックに変更した。21 世紀に入りIT とグローバル化の進展で環境の変化が大きくなってきた。モノづくりの成功体験が強いパナソニックは依然として携帯電話やプラズマテレビなどへ積極的に大型投資を行い，その結果大きな経営危機に陥った。

　2012 年に就任した津賀社長は経営不振から脱却するために 2013 年度末で大赤字のプラズマテレビ事業から撤退することを決めた[2]。津賀社長は「お客様

のより良いくらしを実現するためには，目に見える『製品』だけでなく，エネルギーやサービスの進化といった『目に見えない』領域でのお役立ちが不可欠となっている」と新たな方向性を打ち出した。

　津賀社長は松下電器産業時代のマーケティング戦略を，顧客のニーズをつかまえてそれを解決することを行ってきて，研究開発に何十年も時間をかけてヒット商品を出すことに頼ったビジネスモデルであったと総括している。これからは顧客の利用・使用世界にまで踏み込んで顧客の課題を解決する。そのためのサービスを提供することであると提示した。現在の技術革新はインターネットを通じてサービスをアップデートするグーグルやアマゾン・ドット・コムなどソフト企業が主導しており「我々もアップデータブルな企業にならなければ技術革新の波に乗れない」と危機感を示した。

　同時に，最も力を入れているのは，自動運転やEVに欠かせない自動車部品の産業財取引の分野で，全体の売上の3割程度を占めている[3]。

(3)　暮らしアップデート業

　2018年に開催された創業100周年の講演で津賀社長は「暮らしアップデート業の実現を目指している。商品の売り切りではなく，顧客の手に渡ってからもソフトの更新などで使い勝手を高められる製品やサービスの開発を念頭に置いている。モノをつくらぬメーカーへと会社をつくり変えることを目指している」と述べた。そして，「暮らしアップデート業」を実現するには「共創」という考え方が重要だと提示している。

　ユーザーの幸福や価値を基準に考えた場合，パナソニック1社で実現できる範囲は限定的なものになる。本当に人の暮らし，人の幸福に寄り添ったとき，さまざまな製品や技術，サービスなどを組み合わせていくことが必要になる。

　以前はメーカー側で固めた完成品を提供してきたが，それでは多様性には対応できない。完成品に仕上げるのは顧客だという意識で，余白を残す必要があると強調している。

　最近のパナソニックの動きから考察すると，顧客接点として車と住居が意識

23

図表 2-2　現在のパナソニックの政策

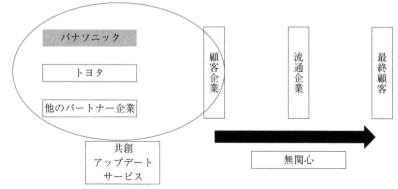

出所：筆者作成。

されているようだ。いずれも「共創」のパートナーはトヨタ自動車である[4]。

　パナソニックが津賀社長の指揮下で懸命に変化しようとしていることはうかがえる。だが，現段階は残念ながら最終消費者に近づくための志向論の範囲内である。最終顧客が「生活領域で暮らしをアップデート」するところに関心を示さなければこれからの GAFA が躍進する時代に乗り遅れてしまう。津賀社長の方針からは，最終顧客へつながる意志はなく，パナソニックは産業財取引の範囲内で顧客との接点獲得やアップデートを考えているようだ。

　津賀社長の方針は製造業の視点が残っていることから，パナソニックの顧客は産業財取引の顧客企業までであるといえる。トップ・マネジメントが掲げる「共創」や未完成品を提供する相手は，パートナー企業や顧客企業との関係性の範囲内である（図表 2-2）。

第3節　4C アプローチでの考察

　松下幸之助は常に「松下電器が将来いかに大をなすとも常に一商人なりとの観念を忘れず」を重視した。「一商人なりとの観念」というのは，メーカーと

していかに大きくなっても，メーカーというモノ視点だけで考えてはいけない。顧客を知り，顧客が求めているものは何なのかを絶えず考えて行動することを忘れてはいけないということである。津賀社長は，パナソニックは長年かけてコトの部分を忘れていったので今から取り戻したい。コトにあたるのはビジネスモデルである。パナソニックは情報化社会のインフラを活用し，ビジネスモデルを変革し，コトを足していく部分が弱い。これから新しいビジネスモデルを創り，そこを強化すると述べている。

　パナソニックにとって重要な視点は生活者と直接接点を持ち，そこから企業システムを再構築することである。そのためには4Cアプローチでの分析と戦略の手法が有効である。

1　顧客接点の獲得

(1)　パナソニックコンシューマーマーケティング株式会社（以下，PCMC）

　PCMCは，地域電器専門店・家電量販店・生活業態店など国内すべての流通チャネル，ならびにインターネットを核としたダイレクトビジネスでブランドの商品の提案・サービスの提供を実施している。全国各地に約15,000店を展開している「パナソニックの店（あなたの街のでんきやさん）」は，家電商品をはじめとする商品の販売だけではなく，生活に関することなら何でも対応して地域の暮らしを支える役割を担っている。地域の顧客は「電気」はもちろん，「暮らし，住まい」のことまで相談できる。当社は地域に密着しているパナソニックの店と一緒に，ECO（省・創・蓄エネ）をキーワードに，「AV家電」「生活（白物）家電」「太陽光発電システム」「リフォーム」などで生活全般をサポートする提案をしている。

(2)　パナソニックセンター

　パナソニックセンターは，パナソニックの総合情報受発信拠点である。理念の実現に向けて具体的な提案を行い顧客とコミュニケーションするための場で

図表 2-3　パナソニックの店

出所：「パナソニック」ウェブサイト（https://www.panasonic.com/jp/corporate.html
〔検索日 2019 年 12 月 31 日〕）。

ある。この場を通して顧客と一緒に新たな価値の創造を目指している。

　大阪パナソニックセンターでは，顧客が抱く憧れや夢の暮らしを実現するためのサポートをしている。そのために，コンシェルジュを配置して顧客の不動産やファイナンシャル・介護など，一人ひとりの暮らしに合わせたサポートを実施している。さらに，テーマごとに専門家による「くらしの大学」を開催して他企業と連携して多様なイベントを提供している。たとえば，2 日間限定で菓子メーカーの湖池屋の新商品の大試食会や「くらしの大学」での親子料理教室など大人から子供まで楽しめるイベントを実施している。

（3）　e コマース部門

　パナソニックは Panasonic Store というインターネットショッピングサイトを企画・運営し，EC（Electronic Commerce）でのダイレクト販売を実施している。そして，顧客の生の声を直接収集することで顧客満足の推進，新しいビジネスモデルの構築を目指している。パナソニックはインターネットを活用し顧客の声やニーズをつかみ商品づくりやサービスの向上に反映させている。

さらにこれらの顧客接点から得られた情報をもとにしてさまざまなネットワークサービス事業の企画・運営をパナソニックの関連部門と一体となって活動している。

(4)　パナソニックビューティ部門

　パナソニックビューティ（Panasonic Beauty）の商品に関わるメンバーが「美容向上研究部：美容部」を結成してネットを活用した情報発信を積極的に実施している。忙しくても美しい女性をさらに増やしていきたいという想いから，忙しい女性の美を応援する商品をつくり続けていくために，女性の声を自らの足で集めることを目標に活動している。

2　4C アプローチでの考察

　4C アプローチでは最終顧客と生活世界で継続的かつ直接的な関係を構築することが出発点となる。パナソニックは最終顧客と多様な接点を獲得している。たとえば，ショールームの設置，情報発信力の強いモニターによる積極的な情報発信，EC の仕組みなどである。パナソニックが顧客接点の拡大を目指して積極的にリアルとネットを融合させていることがうかがえる。

　さらに PCMC がパナソニックの店を通して地域の生活者との接点を間接的

図表 2-4　4C アプローチで整理

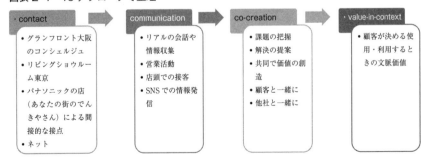

出所：筆者作成。

に持っていることから価値共創マーケティングの実現に向けて有効に活用することが求められていることがわかった。

3　最終顧客との「共創」

　松下幸之助は「売る前のお世辞より売った後の奉仕」の理念を掲げていた。パナソニックは最終顧客との生活時空間での関わり合いはパナソニックの店に委ねている。パナソニックはパナソニックの店と「共創」することで企業システムを構築することができる。

　パナソニックの店は顧客の生活世界で接点（contact）を持っている。そして，日常的にパナソニックの店は顧客と多様なコミュニケーション（communication）をとっている。たとえば，納品で顧客の家を訪問したついでに「何か困っていることはないか」と質問する。一人暮らしの高齢者の家にいくと物置の合鍵をつくってきてほしいと頼まれることがある。高齢者の具合が悪そうなので病院に連れて行ったこともある。日常的にカラオケの曲をダウンロードすることや納品のついでにベランダの掃除をすることなどを実施している。

　パナソニックの店の本当の価値は販売しておわりではなく，日常生活の中で関係を構築しながら何かあったときにすぐに対応することにある。顧客の家の間取りや家族構成，生活スタイル，趣味や好みなどプライベートなことまで把握している。だから，顧客の暮らしやすさにきめ細かく対応することができる。

　最終的には自分という人間と顧客との信頼関係が重要である。松下幸之助は「ものをつくる前に人をつくる」ことを理念に掲げた。自分の店の売りものは家電製品ではなく自分やスタッフである。

　このように，パナソニックは PCMC を通して多様な顧客接点を持っている。これらを活用して価値共創マーケティングを起点とした独自の企業システムを構築することは十分可能である。

図表 2-5　パナソニックの顧客接点

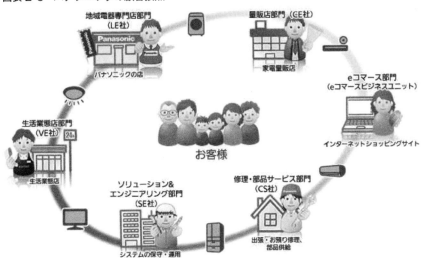

出所：「パナソニック」ウェブサイト（https://www.panasonic.com/jp/corporate.html〔検索日 2019
　　年 10 月 27 日〕）。

4　文脈マネジメント

　企業およびマーケティングの立場からすれば，顧客が生活世界でモノの利用
を通じて新たな価値を創造しているプロセスに入り込み（消費プロセスへの入
り込み），単独での価値創造を企業との価値共創に切り替えさせることを，共
創領域の拡張として捉えることができる。

　パナソニックが行う共創領域での文脈価値の生成には物財（グッズ）だけで
なく，他のたくさんの要素が影響を与える。これらの消費プロセスに影響を与
える要素を企業がマネジメントすることが文脈マネジメントである。

　したがって，顧客の文脈価値は対象物（グッズ）の消費の概念を拡大して，
その物だけの利用ではなくあらゆる要素を包含する。たとえば，①モノやサー
ビシィーズ，②情報，システム，インフラとの接触，③人的要素，④顧客の価

値に影響を与える多様な要素，設備，環境などである。

　このように，パナソニックが文脈マネジメントするためにはモノを中心とした標準化された顧客とのインターフェースだけでなく多くの要素を包含する。たとえば，宅配，据え付け，文書やその他の情報の種類，コールセンターのアドバイス，修理やメンテナンス，クレーム対応，品質上の問題やサービスの失敗の改善，請求書や請求書発行システムなどを含んでおり複雑である（Grönroos ［2007b］ pp.226-228）。

　文脈マネジメントの視点からパナソニックの事例を考察すると以下のようになる。

(1)　モノやサービシィーズ

　最終顧客と相互作用する主体はパナソニックの店やショールームのコンシェルジュなどの 4C の contact である。伝統的マーケティングでは Product として交換するための商品としてモノやサービシィーズを位置づけた。価値共創マーケティングではパナソニックの店が顧客の家を訪問して困りごとに対して communication しながら一緒に対応する（co-creation）。パナソニックに適当な商品がない場合は他社の商品を購入して対応することもある。顧客から頼まれたことに対して基本的に何でも相談にのっている。パナソニックの顧客とパナソニックの店とのコミュニケーションは生活世界への入り込みであり共創領域の拡張として捉えられる。価値共創マーケティングでは PCMC 社がこれらのパナソニックの店の活動を支援する役割を担当することになる。

(2)　情報，システム，インフラ

　PCMC 社はパナソニックの店へ最新の情報を届けるとともに，研修会や各種イベントを企画している。また，後継者・従業員育成の「人づくり」，顧客が楽しく気軽に来店できる「店づくり」などを提案するとともに，経営のサポートにも対応している。今後は，顧客とのコミュニケーションから得られるビッグデータを AI で分析して，それぞれの顧客に最適な提案を実施する仕組

みを確立することが重要である[5]。コンビニエンスストアが発展できた成功要因は商品の販売情報を活用して次の提案に結び付けていったからである。

　パナソニックが 2018 年秋に発表した「HomeX」は，暮らしを構成するさまざまな機器の情報を統合した住まいや暮らしを対象にしたプラットフォームである。「HomeX」は毎日 10 億人に及ぶパナソニック製品とユーザーの接点を生かして日常の暮らしをスマート化していくことを目指している。

(3)　人的要素

　PCMC 社はパナソニックの店に対して地域の顧客と信頼関係を構築して生涯の顧客にするための「客づくり」の支援を実施している。店が顧客と平素から良好な関係性を構築することで生活の課題に対して直接，迅速に対応する頼りになる存在を目指している。店は高齢者の顧客から販売したカラオケの使用方法だけでなく CD の購買を依頼されることや，犬の散歩などを頼まれることもある何でも屋の役割を果たしている。

　文脈マネジメントの課題はパナソニックの PCMC 社の側に多く存在する。部門間のコミュニケーションや店の要望に対応して支援するための能力が問われている。

(4)　顧客の価値に影響を与える多様な要素，設備，環境

　顧客の生活スタイルは多様化し家電製品に求められるニーズは変化している。パナソニックは小売業態の特性に合わせた体制を編成して，パナソニック商品とそれらの販売・施工・メンテナンス・修理に至るソリューションを通じて，顧客の快適な生活実現を支援している。

　以上のようにパナソニックは PCMC 社を中心に顧客接点を通して文脈マネジメントを磨くことでパナソニックの店の価値共創マーケティングを推進することができる。

図表 2-6　パナソニックの価値共創マーケティング

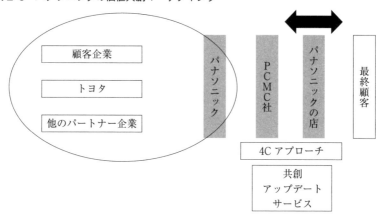

出所：筆者作成。

第4節　おわりに

　本章の課題は「なぜパナソニックがこのような事態になったのか」「今後の重要な視点」について検討することである。パナソニックの不振は製造業の視点が強く 20 世紀の環境下での組織の成功体験と自負心が強いことから，環境の変化に対応できなかったことである。トップ・マネジメントは現在この成功体験を強烈な力と勢いで壊そうとしているようだ。そのために，新しい企業文化で育った人材を幹部社員として積極的に登用している[6]。

　しかし，一度確立して共通の成功体験をもつ経営文化や組織文化を変革することは容易ではない。価値共創マーケティングの視点からは，インターナル・マーケティングのサービス文化の醸成をトップ・マネジメントが率先垂範しながら企業システムを再構築することになる。

　顧客との接点が容易に獲得できる時代において，パナソニックを含むすべての企業は生活者の視点で直接的な接点（contact）を持ち継続的なコミュニケーション（communication）をしながら顧客の課題に対応し続けること（co-

32

creation）である。そこから企業システムを構築することである。顧客との相互作用を通して自社の経営資源を組み合わせ，不足する資源は外部と連携しながら柔軟に顧客の課題を解決するシステムを構築することである。これらのプロセスがマーケティングの「創造性」と「統合性」の機能である。

　現在のパナソニックは多くの顧客接点を意識的に設定している。しかし，生活者の時空間での直接的な接点はパナソニックの店に委ねているという戦略上の限界がある。したがって「暮らしアップデート業」は単なるスローガンだけになっている可能性が高い。一番重要な生活者の時空間で共創を行い顧客にとっての未完成品を最終的な個客（顧客）の文脈価値として創造する視点が欠落している。プラットフォーマーと呼ばれる GAFA の強みは生活者と関係性を構築する接点を直接持っていることであることを再認識する必要がある。

注
(1)　パナソニックショップはパナソニックと商品取り扱い契約を交わした系列店である。同社グループ製品だけでなく他社製品も取り扱っている。松下幸之助が自社製品拡販のために組織化した「ナショナルショップ（通称）」が前身である。1983 年のピーク時は 2 万 7,000 店あった。現在は減少しているが店舗数では国内最大規模の家電販売網である。系列店経由の販売額はパナソニックの国内家電部門の 2 割弱を占める。
(2)　尼崎工場への総投資額は約 4,250 億円。パナソニックが生産停止する工場としては，過去最大の投資額である（「東洋経済 ONLINE」https://toyokeizai.net/articles/-/21367〔最終閲覧日：2019 年 12 月 31 日〕）。
(3)　2013 年 1 月にアメリカで開催された CES での津賀社長の講演を参照した（「東洋経済 ONLINE」https://toyokeizai.net/articles/-/12627?kiji=130207〔最終閲覧日：2020 年 1 月 2 日〕）。
(4)　パナソニックとトヨタ自動車は 2019 年 5 月に街づくり事業へ向けた新しい会社を設立することで合意した。トヨタ自動車はモビリティサービスへの取組み，パナソニックは暮らしのアップデートへの取組みを融合させた街づくりを目指す。
(5)　2008 年に家電量販店のヤマダ電機はコスモス・ベリーズ社を完全子会社とした。コスモス・ベリーズ社は松下家電産業の系列店が中心となって共同仕入れをするために設立した豊栄電気が前身である。現在では，情報提供，物流・商品供給，販促支援などを提供している。文脈マネジメントの視点からは PCMC 社が担うべき役割である。
(6)　パナソニックは「外から来た人しか新しいビジネスモデルはつくれない」としてグーグルなどの社外から多くの幹部社員を積極的に採用している（日本経済新聞 2019 年 12 月 18 日朝刊）。

（藤岡　芳郎）

第3章　サンスター

健康づくりにおける価値共創とその展開

第1節　はじめに

1　背景，問題意識，目的

　近年，世界共通の課題として健康づくりに対する関心がいっそう高まりをみせ，関連するサービスをはじめ，そのマーケティングが大きく展開してきている。中でも働く人の健康づくりでは，企業の生産性に関わる課題としてその重要性が再認識されてきている。従業員の健康づくりに向けた企業の取組みは，企業価値を高める新たな指標として評価されるなど，企業経営戦略の観点からも注目されている（田中ほか［2010］；経済産業省［2016］）。この健康づくりの取組みでは，企業の健康管理担当者，健康保険組合や産業医など多様な主体が協力し，従業員の健康維持・増進を支援するサービスを提供している。従業員は，これらのサービスから自身の健康状況に応じて必要なサービスをとりいれ，健康づくりに取り組むことになる。この企業内部での健康づくりの取組みの成果をもとに，一般消費者の健康づくりの世界へとサービス展開し，新たな顧客獲得と市場開拓に向かう動きがはじまっている。この健康づくりの取組みやサービスでみられる特徴は，サービスの受け手である従業員や一般消費者のさまざまな健康状況の変化に応じて健康づくりのサービスが提供されていることである。この動きは，サービスの提供者（企業）が，サービスの利用者（従業員，一般消費者）の健康づくりの世界に入り込んで，健康づくりに資する健

康文脈価値の形成に寄与していると考えられる。本章で注目するのは，この企業内部のサービス（価値共創型の健康づくり）で得られた成果をもとに，一般消費者へのサービスとして市場展開している点である。このようなサービスの成果を応用して，同様の課題を抱える一般消費者の健康づくりの世界へ展開する動きは，価値共創マーケティングの展開と考えられる。本章では，このサービスの受け手側の変化に対応する健康づくりの取組み（企業内のサービス）から一般消費者に向けた新たな健康づくりのサービスへと展開する健康づくりのマーケティングの鍵となる要素について，サービスの与え手と受け手との接点（contact），コミュニケーション（communication），共創（co-creation），文脈価値（value-in-context）の4つの観点から検討する。

2　研究方法

　本章では，企業内でみられる価値共創の動きである企業，従業員，多様なアクターが協働して行う健康づくりの価値共創プロセスと，その共創から形成された文脈価値を一般消費者に向けて展開する価値共創マーケティングプロセスについて検討する。そこで，上記の取組みを先進的に行っているサンスター株式会社の健康づくりの取組みを事例として取り上げる。事例検討に用いた情報源は，同社のウェブサイトで公開されている企業情報と2017年に同社に対して行った半構造化されたインタビュー調査をもとにしている。

第2節　サンスター株式会社の概要

　サンスター株式会社（以下，サンスター）は，1932年に自転車部品やパンク修理用ゴム糊の製造販売業として起業した。その後，ゴム糊を入れていた金属チューブに入れた練歯磨剤が好評となり，現在のオーラルケア等の消費財事業に結びついている。一方，自動車部品やゴム糊の事業は，オートバイ，自動

車用金属部品と自動車・建築・電子機器用の接着剤・シーリング材からなる生産財事業に発展した。現在は，サンスターグループとして，スイスのグローバル本社のもと，世界各国の拠点と連携しながら，消費財事業と生産財事業を展開し，創業以来変わることなく，新しい視点と発想で，世界の人々の健康の増進と生活文化の向上に寄与する製品とサービスの提供を行っている。

　サンスターの社是は，「常に人々の健康の増進と生活文化の向上に奉仕する」こととある。そのためには，サンスターの全従業員が健康でなければ，生活者が本当に必要としている製品を提供し続けることはできないとの考えで取り組んでいる。事業活動に関して，「健康」を主要なテーマとし，ヘルスケア産業に積極的に貢献するのであれば，歯磨きなどの予防的なオーラルケア製品以外にも業務を拡大し，医療分野にも製品を投入しなければならないという信念を持っている。製品については，生活者の健康増進を，科学に基づく基本的な研究と実行から支えることを目指し，基礎医学，臨床医学，材料科学の研究に努め，国内外の研究機関や大学との共同研究にも取り組んでいる。

　サンスターグループの健康事業は，口腔内全体を捉える歯周病[1]という観点の伝道，健康づくりに対する意識，糖尿病と歯周病の関係に着目した取組み，がん治療と口腔ケアへの取組み，医療環境の変化と専門家教育の取組み，専門職からの要請に応える取組み，医歯薬連携教育資材の作成，地域との協働による取組み，医療従事者への口腔ケア教育と支援を行っている。また，1977年に当時のサンスター社長が理事長となり「サンスター歯科保険振興財団」が創設され，国民の口腔衛生環境の向上等を目的とした活動が行われてきた。現在は，当時の姿勢を基本にさらに発展させ，一般財団法人サンスター財団（以下，サンスター財団）として国内外の健康福祉へ貢献している。サンスター財団には，歯科診療所，予防事業部，企画室，健康推進室があり，社内活動として，社員とその家族の健康度アップを目的に，サンスターグループ各社，サンスター健康保険組合とのコラボヘルスを実施している。その中でサンスター財団は診療所，健康道場，予防歯科を主導している。これらの取組みは，近年の健康経営[2]の動きに先立つ先進的な取組みである。

以上のように，サンスターの健康づくりの取組みは，口腔ケアを起点とした健康づくりのエコシステムを備えていると考えられる。また，この健康づくりは単独ではなく多様な主体がエコシステムの中で水平方向につながり協働している。そのため，異なる背景の主体間での接点，コミュニケーションが鍵となると考えられる。このような，企業と専門家と従業員の間での直接的なコミュニケーションを通じて，その相互作用のプロセスであるサービス提供は，顧客（この場合は従業員）によってそのはじまりが与えられ進行していく中で，従業員にとっての価値（健康文脈価値）が共創され，従業員の判断（健康行動の変容など）をもって終結するという村松 [2015a; b] の価値共創と価値共創マーケティングの理論と捉えられる。とするならば，サンスターや財団等と顧客（この場合は従業員）との関係は，サービスの与え手と受け手（従業員）であり，価値創造の主体は受け手である従業員，与え手が価値創造の支援者と捉えることができる。

第３節　先行研究：健康づくりとオーラルケア関連市場の変遷

　オーラルケア関連の製品は，歯磨き（練り歯磨き，液体ハミガキなど）や口腔ケア用具（歯ブラシ，歯間ブラシ，舌磨きなど）など，消費者の多様な口腔ケアのニーズに対応した製品が展開されている（中島 [2007]）。

　日本での歯磨きの登場は，1960 年代の歯槽膿漏予防，歯茎の健康や口臭予防といった予防歯科の機能に着目した歯磨き商品からはじまり一般化してきた。1970 年代には，歯磨きの使い残しなどを解決する歯磨きチューブの容器が出現するなど，消費者の使いやすさに着目した商品展開が行われている。1980 年代には，歯磨きの機能や役割を１つにまとめた商品やポンプ式の容器などが進化を遂げている。1989 年に，サンスターから，歯周病予防歯磨き「G・U・M」とともに，独自の毛先で歯周病菌の塊である歯垢をかき出す歯ブラシや，歯間清掃具のデンタルフロス，液体という新しい剤型を提案したデン

タルリンスが，「G・U・M ホームデンティストシリーズ」として発売された。この歯周病予防システムは，歯周病対策という新しい口腔ケア概念とともに新市場を創造した。この新しい口腔ケア概念の創出には，サンスターの経営理念に基づくサンスター研究員の歯周病研究が大きな役割を果たしている[3]。この動きは，予防歯科（歯周病予防）を接点とし基礎研究分野と消費者の生活世界（生活習慣の中の歯磨き行動）を結び，歯周病対策を打ち出している。歯周病対策の大型ブランドには，ライオン株式会社の「デンターシステマ」（1993年登場）やプラーク（歯垢）コントロールを目的とした「PCクリニカ」なども展開されている。

　予防歯科に注目した口腔ケアが高機能化を遂げる中，美白感覚の白い歯の魅力が訴求されはじめた。サンスターは，この歯の美白というコンセプトを発展させ，歯の表面のステイン（着色汚れ）を落として汚れをつきにくくして歯の美白を実現する「Ora2（オーラツー）」を1998年に発売している。「Ora2」が提唱した「ステインを落とす美白歯ケア」は，ホワイトニング効果を期待する多様な消費者の開拓にも貢献し市場を拡大していった。このように，消費者の美白歯ケアのニーズを歯磨き行動や歯磨き習慣とつなげていくなど，口腔ケア関連商品は，さらに高機能化や新たな関連商品が展開されている。

　近年では，一日の歯磨き行動の回数や場面，ブラッシング習慣等の変化といった，消費者の歯磨き行動に着目した関連商品開発からの市場展開がみられる。電動歯ブラシ「ポケットドルツ」（パナソニック株式会社）の例を検討した報告では，ターゲット・セグメントの特性と4Psをフィット（適合）させただけではなく，消費者サイドの歯磨き行動の変化にも着目し，戦略に織り込んでいる点を重要なポイントとしてあげている（沼上［2013］）。この中で，顧客のダイナミックな変化を通じて市場を一層拡充していくための過程については，4Psとは別の視点から分析検討がなされており，消費者の生活習慣・考え方の変化を捉える新たな視点の必要性が示唆されている。消費者の歯磨き行動や習慣に着目したサンスターの商品に「G・U・M PLAY」[4]がある。歯周病予防に必要な毎日の正しい歯磨きの習慣づくりと正しい歯磨きに推奨される一回

図表 3-1 歯磨き習慣に着眼したマーケティング・アプローチ

伝統的マーケティング	「ポケットドルツ」			「G・U・M PLAY」	価値共創マーケティング
生産プロセス	電動歯ブラシ	対象領域		正しい歯磨き行動と歯磨き時間	消費（使用）プロセス
モノの交換価値の向上	携帯できる・どこでも使える電動歯ブラシ	目　的		・正しい歯磨きの習慣 ・正しい磨き方・磨く時間を身につける	サービスによる文脈価値の向上
生産プロセスへの顧客の取り込み	顧客の電動歯ブラシに対する要望収集・モニター使用	方　法		・IoT による歯ブラシの使用状況モニター・正しい使い方支援 ・歯磨きに要する時間	消費（使用）プロセスへの企業の入り込み
企業の交換価値を決め，顧客とのより良い市場取引に臨む	携帯用・低騒音の電動歯ブラシ	内　容		・歯磨きを楽しく正しく習慣化 ・正しい歯磨きができているか評価 ・支援アプリケーション	顧客が決める文脈価値を直接的相互作用により共創する
	歯磨き習慣に関する消費者サイドの変化				

出所：村松［2017b］表-2 をもとに筆者作成。

の歯磨き時間の実現をめざし開発された（**図表 3-1**）。「G・U・M PLAY」を通じて，「楽しみながらきちんと歯磨きする」ことにより，「歯とお口が健康になり，からだ全体が元気になる」という，まったく新しい歯磨き体験を提案している。これは，サンスターの従業員に対する健康づくりの取組みにもみられた，健康づくりを行っている顧客が起点の健康づくりの中で，顧客にとっての価値（健康文脈価値）が共創され，顧客の判断（健康行動（歯磨き等）の変容など）をもって終結するという村松［2015a; b］の価値共創と価値共創マーケティングの理論と捉えられる。

40

第4節　サンスターの健康づくりにおける価値共創と
そのマーケティング

　そこで本節では，伝統的マーケティングではみられなかった観点を提供する
事例として，サンスターの従業員向けの健康づくりの取組みに着目し，4Cア
プローチ（村松［2015a; b］）の，接点（contact），コミュニケーション
（communication），共創（co-creation），文脈価値（value-in-context）の4つ
の観点から考察する。

1　Contact（接点）

　サンスターグループの健康事業は，先に述べたように，サンスター財団，サ
ンスターグループ各社，サンスター健康保険組合が積極的に協力し合い健康増
進を効果的・効率的に行うコラボヘルス⁽⁵⁾を実現している（図表3-2）。具体
的には，サンスターグループの社員と家族の健康増進を目的とした，事業主の
取組み（接点づくり1），健保事業（接点づくり2），共同実施（接点づくり3）
の3つのアプローチから健康づくりを支援している。事業主の取組みとして行

図表3-2　サンスター財団の社内活動

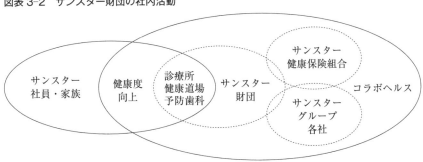

出所：サンスター提供資料をもとに筆者作成。

われていた雇入れ時健診においては，産業医が全員と面談することから，産業医と従業員の双方に面識ができる。そのため，産業医・従業員双方にとって，健康づくりの支援者・当事者を早い段階から知ることとなり，健康状況を踏まえた関わり（保健指導等）における信頼関係の一役を担っていた。また，共同事業として，健康づくりに関する新入社員教育や健康診断等の結果を踏まえたサンスター独自の保健指導等が行われている。これらの健康づくりの支援・促進の取組みでは，サンスター財団が中心的役割を担っている（3つの接点づくりのマネジメント）。

2 Communication（コミュニケーション）

サンスターの健康づくりの特徴的な取組みとして，従業員の健康診断において全員に人間ドックと同等の内科健診と歯科検診を実施している点が挙げられる。健診の結果，要経過観察となった対象者には，医師・保健師による面談が実施される（コミュニケーション 1）。さらに，健診 6 か月後には再度血液検査等を実施し，その結果データをもって，従業員の健康意識を高める役割を果たしている。この取組みは，重症化予防に向けた取組みの 1 つとして機能している。また，特定保健指導の積極的支援対象者には，健康知識の習得，生活習慣の振り返り学習，オーラルケア指導，玄米菜食の食事，ウォーキング，アクアビクスや均整ストレッチなどの運動，冷温交代浴等を組み合わせた「食事」・「身体」・「心」の 3 つの視点から健康バランスを取り戻すための 2 泊 3 日の宿泊指導プログラムを提供している（コミュニケーション 2）このプログラムは，社内福利厚生施設「サンスター心身健康道場」（1985 年開設，1995 年リニューアル。以下，「心身健康道場」）にて行われている。口腔ケアの目的では，歯科衛生士と従業員のコミュニケーション（歯科受診の勧奨等）が定期的に行われる土壌がある。また，「心身健康道場」のプログラムは，特定保健指導の積極的支援が必要となる対象者のほか，新入社員も体験する（コミュニケーション 3）。2015 年からは，35 才時の研修としても利用されるようになっ

ている（コミュニケーション4）。

　ここで鍵になるのは，データありきだけではなく，これらの取組みにおいて，受け手である従業員と健康づくりの支援者（サービス提供者）の関係にある。先にもあるが，両者の間では既に，産業医が面談を通して従業員の健康文脈をわかっていること，従業員も誰が自身の健康文脈に関わる主体なのかをわかっていることで，健康づくりへの安心感と信頼関係が構築されたうえでの取組みとなっている（接点づくりから健康づくりに直接的に関わっていく4つのパターンのコミュニケーション）。

〈communication（コミュニケーション）の展開〉

　2013年より，サンスターオンラインショップの定期会員向けのサービスとして，「サンスター健康道場」がプロデュースする「出張・健康道場ツアー」が提供されている。「心身健康道場」の取組みと成果がマスコミ等で公開され，体験を希望する多くの顧客の声に応えスタートした。「心身健康道場」の取組みを「食・動・癒」の3つのテーマから体験でき，サンスター歯科衛生士による正しいオーラルケア方法についても指導が受けられる。各体験では，管理栄養士，運動指導士と直接コミュニケーションし，自宅でもできる方法を習得できるプログラム構成となっている。口腔内の健康状態が全身の疾患にどう影響するかも学ぶため，健康知識の向上につながるサービスである。

3　Co-creation（共創）

　以上のような取組みやプログラムの提供者は，受け手である従業員が実施し自身の健康づくりの習慣（文脈）に取り入れる過程に直接的に支援し，健康づくりを習慣に取り入れることへの価値に気づかせる役割を担っている。その結果，受け手である従業員が，判断し，取り入れて，続けていく過程を追っていくことで，その成果を確認することができる。また，定期で行われる健康診断等の取組みによって，その成果の経過や変化を追うことができる。その検査結

果を従業員と確認することにより，さらに継続・推進へと向かうと考えられる（直接的なコミュニケーションからの共創）。

〈co-creation（共創）の展開〉
　この健康道場を顧客にも体験利用してもらう試みは，「心身健康道場」の成果に基づくサービスであり，このサービスの起点となったのは，「心身健康道場」のプログラムを体験したいという顧客の要望によるものである。この顧客の行動は，サンスターの従業員向けの健康づくりが，顧客の健康づくりへの関心を高め，顧客の健康文脈に必要と思わせる魅力ある取組みであったと推察される。
　このプログラムの「参加者の声」から，顧客からどう見えているかを探ることも行われており，エビデンスに基づくプログラム構成や，これまでにあるようでなかったプログラム等の顧客視点を得ている。定期会員という背景から，健康づくりに対する意識が高い顧客層と考えられるが，サンスターオリジナルの従業員に対する保健指導システムが，顧客の健康づくりの文脈に価値をもたらしていると考えられる。この顧客向けのサービスは，2016 年より一般の消費者に向けての販売が開始され，より多くの人々の健康づくりに健康道場の「食事・身体・心を柱とした健康法」を知ってもらう取組みへと展開している。

4　Value-in-context（文脈価値）

　「心身健康道場」が目指す健康は，人間が本来持っている生理機能である自然治癒力を最大限発揮させ，健康になろうとする力を高めることである（健康文脈）。よって，従業員は「自分の健康は自分で守る」ことを基本理念とし，そのために必要な「食」，「体」，「心」について学び体験し，自身で健康をつくっていくことが求められている。提供者は，道場入門を通じて自身の改めるべき生活習慣や，新たに取り入れたい習慣に気づくきっかけを提供・支援している。「心身健康道場」を活用した生活習慣病予備軍の従業員に向けたサンス

ターオリジナルの保健指導の成果（宿泊型新保健指導の有効性）については，日本産業衛生学会にて発表される[6]など，サービス提供側の成果を外部に発信する取組みも行われている（文脈価値を出発点として接点の拡張）。またこのような取組みは，従業員の健康づくりに資する成果だけではなく，健康経営の取組みに将来的に期待される医療費を低く抑えるという目的に近づいていることがデータから示されてきている。

〈value-in-context（文脈価値）の展開〉

　この他にも，サンスターの健康づくりの取組みは，科学的なエビデンスづくりへも展開し，医療分野の研究でも協働し成果をあげている。地域の健康づくりに，糖尿病の合併症としても知られている歯周病予防をオーラルケアの観点から支援している。これは，サンスターの本業を基盤とした健康づくりの支援事業であり，その広がりは地域住民，自治体，歯科を専門としない医療職等までを網羅する取組みとなっている。また，「心身健康道場」で提供している玄米菜食や青汁などをもとに，1988年から「健康道場」ブランドの健康食品事業を通信販売等で展開している。この健康づくりの関連事業は，サンスターの社是と従業員の健康増進を基点にした事業として新たに展開した事業である。

5　4Cアプローチから見えてきたもの

　以上の4Cアプローチから，サンスターで行われていた健康づくりの取組みと，そのマーケティングの展開で行われていたサービスの受け手側の健康づくりの習慣や意識の変化を捉えるプロセスを明らかにできた。健康づくりの支援・推進を出発点とした接点づくりから，直接的なコミュニケーションに際しての障壁を早くに取り除き，その成果が新たな市場の関心を引き出し展開していることが示された（図表3-3）。サンスターの顧客は，顧客の健康づくりの文脈に価値をもたらすという健康法に関心を抱いており，顧客からの要望に応える形でサンスターが顧客の健康づくりの世界に入って行っている。この顧

図表 3-3　健康づくりの価値共創マーケティングの展開

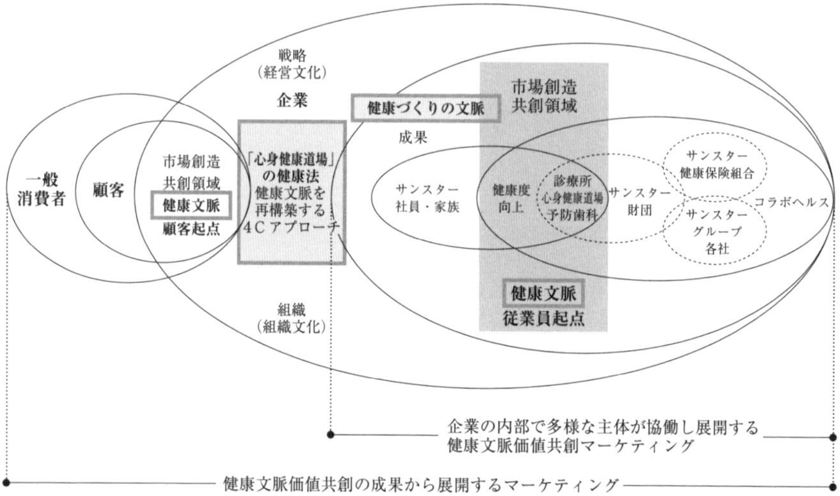

出所：村松［2015b］167 頁をもとに筆者作成。

へのサービスが，外部評価を受けたこと（顧客のツアー感想文が「ヘルスツーリズム大賞」[7]を受賞）により，サンスターが提供する，健康づくりの文脈に価値をもたらすという健康法への関心として，顧客を超えて広く高まりをみせることとなった。その結果，さらなる市場展開が行われることとなり，健康づくりの価値共創マーケティングが拡大していくこととなった。さらには，この市場拡大に伴い，さまざまな関連する企業との協力関係ができている点もマーケティング展開の要素と考えられる。

第 5 節　おわりに

　本章では，従業員に向けた企業内の健康づくりの取組みから，一般消費者に向けた新たな健康づくりのサービスへと展開する健康づくりのマーケティングについて，サンスターの健康づくりの取組みを例にとり，サービスの与え手と

46

受け手との接点（contact），コミュニケーション（communication），共創（co-creation），文脈価値（value-in-context）の4つの観点から検討した。サンスターの事例から，健康づくりのサービスの与え手は，接点となる受け手の健康文脈をつかむことが第一の鍵と考えられた。これにより健康づくりのエコシステムが形成され，エコシステム内では，健康づくりに関わるデータ（健康診断の結果等）と，それに基づいた従業員の健康状況を起点とした直接的なコミュニケーションが展開している。サンスターでは，従業員自身が健康づくりを見直すための支援サービス（独自の保健指導）と場（福利厚生施設「心身健康道場」）を設けたことにより，従業員の健康状況にとっての価値（健康文脈価値）が共創され，従業員の健康づくりに貢献している。この成果が，健康文脈に基づく健康づくりのエビデンスとなり，顧客に向けた新たなサービスへと展開していく重要な鍵要素となっていたと考えられる。健康づくりの効果の情報は，顧客が自身の健康文脈と健康状況に必要なサービスと判断するうえにおいて自分ごととして捉えられる情報となっている点も大きい。その結果，顧客から企業にアクセスし，健康づくりを接点としたコミュニケーションが生まれ，企業の新たなサービスが展開している。顧客起点の価値共創マーケティング展開は，企業内での健康づくりの成果を接点としたコミュニケーションが鍵となることが示唆される。

注
(1) 健康経営とは，従業員等の健康管理を経営的な視点で考え戦略的に実践すること。この健康経営に取り組む企業等の「見える化」をさらに進めるため，上場企業に限らず未上場の企業や医療法人等の法人を「健康経営優良法人」として認定，2017年に初回の認定企業が公開されている。「健康経営」は，NPO法人健康経営研究会の登録商標である。（「経済産業省ウェブサイト『健康経営の推進』（https://www.meti.go.jp/policy/mono_info_service/healthcare/kenko_keiei.html〔最終閲覧日：2020年1月4日〕）。サンスターは，この制度の初回から「健康経営優良法人」として認定されている。
(2) 歯周病とは，歯の周りの組織の病気で，細菌の感染によって引き起こされる炎症性疾患である。日本では，サンスターの「G・U・Mケア」とともに歯周病という言葉と概念が広く一般に広まった（「日本臨床歯周病学会」（https://www.jacp.net/perio/about/），「G・U・Mラボ」（https://jp.sunstargum.com/knowledge/）〔両URLともに最終閲覧

日：2020 年 1 月 31 日])。

(3)　歯周病研究とサンスターの取組みについては，「サンスター G・U・M」の WEB サイト「G・U・M の歴史」(https://jp.sunstargum.com/about/) に詳しい。

(4)　「G・U・M PLAY」は，正しい歯の磨き方を身につけるための 2 つの基本機能を備えた新発想のデジタルデバイスである。詳細は，「サンスター News Release（2016/11/04）」(https://www.sunstar.com/wp/wp-content/uploads/2016/04/160411.pdf)，および「G・U・M PLAY」ウェブサイト（https://www.gumplay.jp）に譲る。

(5)　コラボヘルスとは，健康保険組合等の保険者と事業主が積極的に連携し，明確な役割分担と良好な職場環境のもと，加入者（従業員・家族）の予防・健康づくりを効果的・効率的に実行することである（厚生労働省保健局［2017］『データヘルス・健康経営を推進するためのコラボヘルスガイドライン』(https://www.mhlw.go.jp/file/04-Houdouhappyou-12401000-Hokenkyoku-Soumuka/0000171483.pdf〔最終閲覧日：2020 年 1 月 4 日〕) より）。

(6)　サンスターは，厚生労働省「宿泊型新保健指導試行事業」に参加しており，2015 年から 2016 年にかけて生活習慣病予備群の従業員向けに「宿泊型新保健指導（スマート・ライフ・ステイ）プログラム」準拠の宿泊指導と事後 6 か月の継続支援を行っている。その成果を「第 90 回日本産業衛生学会」（東京，2017 年）にて発表している。

(7)　「ヘルスツーリズム大賞」とは，特定非営利活動法人日本ヘルスツーリズム振興機構が，2013 年度より，旅と健康に関する個人の体験記を公募し優れた作品を表彰するもので，ヘルスツーリズムの広く紹介する取組みである。ヘルスツーリズムとは，「科学的な根拠に基づいた，健康増進・維持・回復・疾病予防につながる健康的な旅のプログラム」と定義されている（https://www.npo-healthtourism.or.jp〔最終閲覧日：2020 年 1 月 31 日〕)。

謝辞

　本章では，筆者が 2017 年に実施したインタビュー調査も参考にしている。調査時には，サンスターグループ経営統括本部 理事兼 STARLECS 統括兼 日本ブロック総務部長 宮嵜潤様（当時）をはじめ，一般財団法人サンスター財団の諸氏（健康推進室 1 名（課長），サンスター診療所 3 名（産業医 1 名（所長），保健師 2 名），歯科衛生士 1 名）（当時）より，多くのご教示ご協力を賜った。ここに記して感謝を申し上げたい。（取材日：2017 年 8 月 3 日）

（上西　智子）

第4章　キヤノン・マーケティング・タイランド

顧客の利用価値を高めるサービスとは何か

第1節　はじめに

1　背景および問題意識

　製造業においてサービス化（Vandermerwe and Rada ［1988］）に取り組む企業がみられるが，その研究における位置づけは大きく変わりつつある。80年代に研究対象として取り上げられてきたのは，製品を販売するうえでの競争力を向上させる1つの方法としてのサービス化である。しかし，2004年にVargo and Lusch ［2004］がS-Dロジックを提唱して以降，その位置づけは大きく変わった。従来はいかに製品を売るかに注目し，その交換価値を高めることを主眼としたサービス化であったが，今日においてはすべてをサービスと捉え顧客の利用価値，文脈価値を高めることを意図したサービス化である。製造業はこれまで顧客と離れてマーケティングを行っていたが，近年いくつかの企業は顧客の価値を高めるために直接的な接点を持って価値共創（Grönroos ［2006］）を行うようになった。これまですでに価値共創を行っている企業の事例のいくつかについては，研究されてきたものの，特に製造業に関していえば今や海外にも同じ製品を展開するなど，グローバル化している場合が非常に多くみられる。しかしながら，日本企業の海外展開における価値共創の事例研究はまだまだ少ない。

2　研究目的および研究方法

　本章の目的は，価値共創マーケティングを行っている製造業の海外市場での
実態を明らかにすることである。どのように顧客との接点を構築するか。顧客
とどのようなコミュニケーションをとるか。どのように共創するか。文脈価値
は何か。以上の 4C アプローチで明らかにする。研究方法としては，実際に海
外展開している企業の事例についてインタビューを行い，事例の詳細を明らか
にする。そのうえで事例を 4Ps マーケティングの視点で分析し，その結果に
ついて批判的に考察することで，4Ps マーケティングによって読み解くことに
よって生じる問題点と価値共創視点の必要性を見出す。そして再度 4C アプ
ローチによって解釈し直すことで価値共創の実態を明らかにする。

　調査対象として販売後，顧客との接点を持っている一眼レフカメラのマーケ
ティングを選定した。一眼レフカメラは一般消費者が使う製品の中では，高度
なナレッジとスキルを要すものであり，それによって写真のでき栄えが大きく
左右される。したがって，顧客の使用段階に企業が関与し，顧客の価値を高め
る行為を行う余地が高いと考えられる。調査の対象としては，キヤノン・マー
ケティング（タイランド）における一眼レフカメラについてのマーケティング
を選定した。調査にあたっては事前に質問票を送付し，それに基づき，必要と
思われる内容を追加で質問する半構造化インタビューを行った。2018 年 2 月
にタイの法人であるキヤノン・マーケティング（タイランド）のオフィスにて
社長，副社長，一眼レフカメラを担当する販売のアシスタントディレクターに
インタビューを実施した。

第2節　事例研究

1　キヤノンの概要およびキヤノンの一眼レフカメラ

　キヤノン株式会社（以下，キヤノン）は1933年に高級小型写真機の研究を目的とした研究所としてスタートし，1937年に精機光学工業株式会社としてカメラを製造するメーカーとして設立された[1]。現在はカメラ，プリンター，複写機などを扱う社員25,740人（2020年3月31日現在）[2]の企業である。

　キヤノンは，カメラビジネスで4,668億円[3]の売上を持つ日本最大のカメラメーカーである。今回対象としているレンズ交換式のカメラを416万台[4]販売し，国内2位のニコンの206万台[5]を大きく上回る。

　キヤノンのレンズ交換タイプの一眼レフカメラは，エントリークラスのミラーレスカメラ，ミドルクラスが一眼レフカメラおよび一部のミラーレスカメラ，ハイアマチュアが1眼レフカメラおよび一部のミラーレスカメラ，プロ向けの一眼レフカメラをラインナップしている。

　一方，今回調査の対象とした Canon Marketing（Thailand）Co., Ltd.（キヤノン・マーケティング・タイランド）は1994年に設立され，キヤノン製品のタイでの販売を担う，従業員700人の関連会社である[6]。日本同様，カメラ，プリンター，プロジェクターなど幅広い製品を取り扱っている。カメラに関しては，一眼レフカメラおよびミラーレスカメラを合わせ，15種類をラインナップしている。価格も最も安いものが19,990バーツ（約7万円）から最も高いものになるとボディのみで242,900バーツ（約84万円）と幅広い[7]。

2 キヤノンが取り組んでいる日本のサービス

キヤノンは日本において，カメラに関するサービスをいくつか行っている。

1つはEOS学園と呼ばれるカメラの使い方，撮影の仕方に関する講座を初心者から上級者向けに行っている。主にプロの写真家がキヤノンのカメラの顧客に対して指導を行う。

また，キヤノンフォトサークルでは，毎月プロの写真家が撮った写真をみることができる月刊誌を購読でき，プロの撮影テクニックの講座や開発者の技術解説なども読むことができる。そしてサークルメンバーのためのフォトコンテストが行われる。撮影イベントを行い，そこで撮影のレクチャーも受けることができたり，希望者にはプロの通信添削も受けることができる。また，キヤノン製品の無料モニターになれたり，EOS学園講義の割引などの会員特典がある。

その他，全アマチュアを対象としたフォトコンテストの開催や，キヤノンギャラリーと呼ばれる全国3か所にある展示スペースで写真展を行うなどの取組みを行っている。

以上のような取組みは，購買後に企業が顧客との接点を持ち，そこで相互作用を行い，カメラの利用価値の向上や文脈価値向上に役立てるものである。顧客自らだけでは，十分にカメラを使いこなすことができなかったり，希望するような写真が撮れなかったりする場合があるが，そのような問題を解消し，満足がいく写真が撮れるようになる。また，フォトコンテストやサークルでの活動は，写真を撮る技術向上だけでなく，楽しみやモチベーションを高めるものでもあり，顧客の文脈価値向上にも寄与する。

3 インタビュー調査結果

タイにおいてもキヤノンは日本と同様，顧客との接点を持ち，そこでのサー

ビスにより一眼レフカメラの販売力強化を行っている。伝統的マーケティングに基づくと，キヤノンのタイにおけるマーケティングは，Vandermerwe and Rada［1988］が指摘するように，製品にサービスを付加しカメラ販売における競争力の向上を図っている。カメラを販売するにあたり，どのようなマーケティングを行っているかについて，以下に詳細を記す。

(1)　製品ラインナップとターゲット顧客

　キヤノンの一眼レフカメラは日本で販売しているものとラインナップは同じであり，ターゲットカスタマーによって大きく3つに分類される。最も高い価格帯で20万バーツを超えるプロ用，次いで3万9千バーツからはじまるハイアマチュア用，それ以下のエントリー用である。エントリーモデルは主に大学生をターゲットとしており，ハイアマチュアモデルは30歳くらいの裕福な若者がターゲットである。エントリー顧客としての大学生はこれから一眼レフカメラを購入する可能性のある層であり，カメラに関するナレッジやスキルの向上を積極的に欲している。

　一方，裕福な人は年に1，2度の長期休暇の時だけしかカメラを使用せず流行に乗るだけであり，品質の高いハイアマチュア用カメラは裕福な人の玩具と捉えられている。

(2)　大学生をターゲットとした販売促進活動

　キヤノンは大学生をターゲット顧客としてダイレクトに大学においてそのプロモーション活動ともいうべき，接点を持ちキヤノンの製品の良さを伝える取組みを行っている。まずはカメラの基本的なトレーニングを行っている。学生がカメラにあるいくつもの部品に実際に触ってみたり，使ってみたりするようなアカデミックな講座を行い，そのうえで学生は写真を撮ってみる。有名な写真家を雇い入れることも多く，キヤノンには良いプロの写真家がいる。ターゲット顧客である大学生がカメラを購入する前の段階で，ワークショップや写真を撮るトレーニングを行うなど，大学で多くの取組みを行っている。

これらを行うのはキヤノンのメンバーであることもあれば，プロの写真家が行うこともある。初心者向けの中級や上級コースは有名な写真家が行うのではなく，キヤノンのマーケティングの中にいるトレーニングのスペシャリストが行う。商品知識が豊富でキヤノン製品のことを熟知しており，プロの写真家とのコネクションもある。行う場所はキヤノン・マーケティングの本社ビル，EOSアカデミーなどであり，大きな導入イベントなどがある際にはホテルなどで行うこともある。さらにディーラーでも行っている。キヤノンには60〜70のディーラーがあり，そのうち非常に積極的なのは10程である。EOSアカデミーなどでは30〜40人ほどの顧客が参加する。こういった取組みを年に100回以上を行っている。キヤノン・マーケティングとディーラーで一緒にやることも多く，実際にトレーニング終了後の販売につながっている。

(3)　大学での授業の活用

　大学の学部の授業の中には教授からレッスンを受けるものがあり，そこでキヤノンの商品を紹介し，学生が製品を選ぶのに良い方法となっている。また多くの学生がカメラを使う技術を向上させるため写真クラブに入っている。マスコミの学部があり，多くの学部では写真を撮る題材もありカメラを使う必要がある。

　また，インフルエンサーとして大学の教授を活用することもある。教授がキヤノンのカメラを使うと学生がそれに追従してキヤノンのカメラを使うようになる。ワークショップやトレーニングは常に進化させていく取組みを継続的に行っている。これまでトレーニングなどを行ってきた知見をすべて学生に紹介できるようにしている。

(4)　情報収集のための顧客との接触

　キヤノンとしては需要をつくり出すために，学生たちとの接点からカメラ会社としての知見を得ようとしている。講師が顧客からフィードバックを得るようになっており，顧客がどんな写真を撮りたいのかなど好みや流行の情報を得

愛読者カード

書名

◆ お買上げいただいた日　　　　　　年　　　月　　　日頃
◆ お買上げいただいた書店名　（　　　　　　　　　　　　　　　）
◆ よく読まれる新聞・雑誌　（　　　　　　　　　　　　　　　）
◆ 本書をなにでお知りになりましたか。
　1．新聞・雑誌の広告・書評で　（紙・誌名　　　　　　　　　）
　2．書店で見て　3．会社・学校のテキスト　4．人のすすめで
　5．図書目録を見て　6．その他（　　　　　　　　　　　　　）

◆ 本書に対するご意見

◆ ご感想
● 内容　　　　良い　　普通　　不満　　その他（　　　　　　）
● 価格　　　　安い　　普通　　高い　　その他（　　　　　　）
● 装丁　　　　良い　　普通　　悪い　　その他（　　　　　　）

◆ どんなテーマの出版をご希望ですか

毎度ご愛読をいただき厚く御礼申し上げます。お客様より収集させていただいた個人情報は、出版企画の参考にさせていただきます。厳重に管理し、お客様の承諾を得た範囲を超えて使用いたしません。

図書目録希望　　有　　　　無

フリガナ			性　別	年　齢
お名前			男・女	才
ご住所	〒　　TEL　　　　（　　　）　　　　　　　　Eメール			
ご職業	1.会社員　　2.団体職員　　3.公務員　　4.自営　　5.自由業　　6.教師　　7.学生　8.主婦　　9.その他（　　　　　　　　　　　　　）			
勤務先分　類	1.建設　2.製造　3.小売　4.銀行・各種金融　5.証券　6.保険　7.不動産　8.運輸・倉庫9.情報・通信　10.サービス　11.官公庁　12.農林水産　13.その他（　　　　　）			
職　種	1.労務　　2.人事　　3.庶務　　4.秘書　　5.経理　　6.調査　　7.企画　　8.技術9.生産管理　　10.製造　　11.宣伝　　12.営業販売　　13.その他（　　　　　）			

ようとしている。たとえば近年タイでは天の川など天体写真を撮ることが流行であり，顧客はそのための良い装備を持っている。そしてキヤノンには天体撮影専用カメラがラインナップされている。大学の教授と関係性をつくるところからはじめ，教授と一緒に仕事をしていく。そして学生へのトレーニングを通して学生が本当に興味のあることは何かを理解する。

(5)　販売後の次への販売促進としての取組み

　トレーニングのスクールの中ではいろいろなレンズを実際に触って試してみることができる。そうすると実際にトレーニング終了後，アクセサリーを買う傾向がある。たとえ買わなくとも次の購買につながると考えている。

　大学生は就職をして給料を稼ぎお金を貯める。そうすると 2，3 年後にはカメラを買い替える傾向があるので，売った後の取組みを多く提供し，少しでも多く顧客との接点を持ち続ける必要があると考えている。いくつかの大学では，初心者に対してアドバンストレーニングを行っており，上級モデルへのアップグレードを期待している。学生たちはエントリー用のレンズから上級用レンズにアップグレードすることで，どんな改善が可能で，どんな写真が撮れるようになるのかを非常に学びたがっており，キヤノンでは彼らに知見を共有することが重要であると考えている。

　また，このようなトレーニングを行う理由として挙げているのが，新製品が出る際，従来のものから新たな機能などが加わりカメラを使いこなすことが難しくなることである。顧客に対して新しいカメラを手に入れて新しい写真をたくさん撮って楽しんでほしいというマインドを持っている。そして，顧客には本当のファンになってもらいたいと考えている。

(6)　顧客データベース

　ディーラーでは顧客に関するデータベースを持っているが，キヤノンはメーカーであり直接販売することがないため，販売目的でデータは使用しない。ディーラーや EOS アカデミーでトレーニングに招待する際に使うものであ

る。また，顧客とのコンタクトは通常新しい製品が出たときなどのイベントが
あるときだけ，メールを送る。タイは周辺の国に比べると SNS の利用割合が
非常に高いもののそれをまだ効果的に使うことができていない。顧客との直接
的な関係性を構築できていないことについては課題であると考えている。

(7)　サービスにおける重要事項

　これまで述べたトレーニングなどのサービスにおける重要なものとして，キ
ヤノンでは講師を挙げている。それは講師が写真の撮り方を顧客に教えるから
である。そして，どのように顧客を扱うか，どのように顧客を外へ連れ出す
か，カメラを使う上でどのような技術が必要かなど，そして顧客をやる気に
させるため，講師がどのように対応するか，どんな内容を提供するかは非常に重
要である。学生は良い写真が撮れるようになるための技術や知識を得たがって
おり，講師が伝える内容は重要である。加えて，顧客の面倒をよくみるなどの
ホスピタリティも重要である。

(8)　撮影会

　トレーニングやワークショップなど以外にも講師が顧客を外に連れていき写
真を撮る撮影会を行うことがある。政府が運営しているイベントなどで要請を
受け，サポートを行うこともある。またタイではモーターショーが非常に人気
であり，主催者から依頼があり，撮影会やフォトコンテストを行っている。
モーターショーでの写真の撮り方を講義して実際に写真を撮ってもらう。この
ようなフォトコンテストのサポートの依頼は多くあり，できるだけ対応するよ
うにしている。そのねらいは，たとえばタイで非常に有名なモーターショーで
多くの人がキヤノンのカメラを使って車やコンパニオンの撮影をしていたら，
キヤノンのカメラの知名度が上がるためである。

第3節　考察

1　4Ps マーケティングの視点からの解釈と問題点

　インタビュー内容をもとにキヤノンが行っている取組みを伝統的マーケティングの視点で解釈する。通常の製品販売に加えて特徴的であるのが，顧客の購買前後でのトレーニングやワークショップ，撮影会・フォトコンテストである。これらの取組みは今回のインタビュー調査からうかがい知る意図としては4Ps の視点から考えると，顧客の購買意欲を増すことである。カメラを持っていない大学生の写真を撮る意欲を増大させ，さらにキヤノンのカメラの良さを知る機会は，いわばプロモーション活動と捉えることができる。販売後のトレーニングなども交換レンズやアクセサリーを買う意欲を高め，撮影会・フォトコンテストでキヤノンのカメラが使われることは認知度の向上につながる。あるいはすでにキヤノン製品を所有している顧客に買い替えを促進するきっかけを与えているとも解釈できる。また，トレーニングなどを通して講師にフィードバックされる顧客の嗜好などの情報は，次の商品開発につながり，製品の競争力を向上させることとなる。つまり，これまで述べてきたようなサービス行為は，従来の4Ps の枠組みで捉えると良い交換を行うため，販売のための製品，プロモーション強化と理解される。

　しかしながら，いくつかの点において4Ps の枠組みで捉えることができるような良い交換を目指した取組みだけでは十分に理解できないことがある。たとえば，顧客に対し新しい写真を撮って楽しんでほしい，本当のファンになってほしいといった考え方，あるいは顧客はどんな写真が撮れるかを学びたがっているので自分たちの持っている知見を共有することが重要であるといった考え方などは，交換よりもむしろ顧客の使用段階や文脈で価値のあることを，

57

サービスを通して行おうとしていると捉えることができる。また，講師にとってホスピタリティを重要な要素として捉えている点なども，顧客にとって交換よりもむしろサービスやそのプロセスが重要であるという考えに立脚しているといえよう。さらに現状の課題を，顧客との直接的な関係性を構築することとする認識は，明らかに伝統的マーケティングが目指していた良い交換の実現とは一線を画する。以上のことから，製品の購買を誘発するためのマーケティングではなく，顧客の価値を実現することを主眼としたマーケティングの枠組で捉える必要があると思われる。

　以上のような伝統的マーケティングに従った解釈では，企業および顧客ともに製品そのものに価値が埋め込まれており，その価値があるものを等価交換するという概念に基づいている。しかし，実際に本章における事例をみると製品そのもの，つまりカメラ本体に価値があるというよりも，むしろそれを使ってどんな写真が撮れるのかなど顧客が使用する段階でこそ価値が生まれていると解釈する方が自然である。なぜならば，交換だけに着目するならば顧客に製品の良さをプロモーションするだけで十分であり，それがいかに適正な価格，あるいはいかに安価に購入できるかということを顧客に知らしめれば良いはずである。しかし，実際には企業のマーケティング行為は顧客の使用段階で価値が生まれることを目指した努力である。そして，顧客との接点から企業が認識していることは，顧客はどうすればもっと良い写真を撮れるか，どうすればもっとカメラを使いこなせるのかといった，使用における価値を生み出すのに必要なナレッジとスキルを欲しているということである。

　以上の交換価値から利用価値，文脈価値へ転換の議論についてはS-Dロジック（Vargo and Lusch［2004］）の貢献によるところが大きい。しかし，実際に価値が生まれるところへの企業の関与ということに関しては，Grönroos and Voima［2013］がSロジックの中で，顧客と企業の直接的な相互作用による顧客価値の創造として価値共創概念を明確に示している。Vargo and Lusch が価値共創を幅広く捉えているのに対して，Grönroos らは実務的な視点に立ち直接的な相互作用を行う場合に限定することで新たな価値を創造

する機会があることを示している。次節では価値共創を具体的に解明するアプローチである 4C アプローチ（村松［2015a］）により，キヤノンのマーケティングを再度捉え直す。

2　4C による事例の分析

(1)　接点（Contact）

　まず，価値共創を行う上では，従来の離れたところから行うマーケティングと異なり，直接的な接点を持つことからはじまる。今回取り上げた事例では，ワークショップやトレーニングといった企業側が用意した空間に顧客を招き入れ，そこで接点を設け，価値共創を行う。購入前の段階で大学生を対象として，これらの接点でキヤノンの社員の中でもトレーニングのスペシャリストが直接的な接点を持つ，あるいはプロの写真家が直接的な接点を担う場合もある。大学以外にもキヤノン・マーケティングの本社，EOS アカデミー，ホテルなどを接点の場として活用し，そこへ顧客を招き入れトレーニングなどを行っている。

　そして，このような取組みは年に 100 回以上行っており，キヤノンでは顧客と接点を持って価値共創を行うことについてどれだけ重要と考えているのかうかがうことができる。新製品に関しては顧客が知識を持たないため使いこなせないという点をキヤノンでは理解しており，顧客に対して写真をたくさん撮って楽しんでほしいという考えは，顧客の利用価値を生み出すことこそ重要な行為として捉えているからであると理解できる。ほかにも講師が顧客を屋外へ連れていき行う撮影会などもカメラの使用の現場に顧客と一緒に入り込み接点をつくっている事例である。

(2)　コミュニケーション（Communication）

　次にコミュニケーションについてであるが，当然講義やトレーニングで講師となる社員やプロの写真家がカメラの説明や撮影の仕方を説明する，わからな

い点などを教えるなどするが，それ以外にも顧客とのコミュニケーションを通じて顧客側から顧客の好みや流行の情報を入手することなども行っている。コミュニケーションを通じて顧客の欲していることを理解し，たとえば上級者用レンズにアップグレードすることでどんな改善が可能で，どんな写真を撮れるかについて知りたがっている顧客に対しては，それに関する知見を顧客に共有するようにしている。キヤノンでは顧客からのフィードバックを重要と考えており，一方的な情報伝達だけではなく双方向でコミュニケーションすることが価値共創において欠くことのできない点である。

4Psではこれらのコミュニケーションはプロモーション活動と捉えられる。コミュニケーションにより，顧客は種々の方面から製品の良さを理解し，その結果製品そのものの価値をより高いものと感じ，最終的にはそれが製品の販売へとつながると捉えられる。顧客からのフィードバックについても，より顧客のニーズに合った製品をつくるための従来からあるマーケティング・リサーチの1つと解釈されるであろう。価値共創においては顧客が欲していることを理解したり，共創の結果，価値が生まれているのかを確認するなど顧客の文脈価値を確実に創造するために必要なフィードバックと考えられる。

(3) 共創 (Co-creation)

共創については，企業側はトレーニングの場などにおいて説明用のカメラや試用できる交換レンズなどの資源を用意，提供し，講師となる社員などがカメラや撮影のためのナレッジとスキルを活用して，これまでよりも満足のいく写真が撮れるようにアドバイスなどを行う。今回の場合，共創を行うのはプロのカメラマンやキヤノンのマーケティングの中での専任の担当者である。それぞれのトレーニングの内容に応じて，共創するのに適した講師が担当することとなる。インタビューにおいて共創するうえで重要なことを問うたところ講師を挙げている。講師が顧客と相互作用を行い，実際に技術などを教え，顧客をやる気にさせるため，顧客の文脈価値創造に最も深く関わっている。そして，ホスピタリティの重要性も指摘していることから，単なる結果だけでなく，価値

図表 4-1　4Ps および価値共創の視点での解釈の違い

	4Ps マーケティングにおける解釈	価値共創 (4C) における解釈
トレーニング，撮影会	購買意欲向上・販売のためのプロモーション機会	
製品の良さの伝達の場	価値共創を行うための接点	
指導，説明	製品および交換価値の理解の促進	直接的相互作用におけるコミュニケーションおよび共創
顧客が得る価値	製品理解による増加した交換価値	顧客の使用の現場における利用価値，文脈価値
トレーニングで使用されるカメラ，レンズ，施設などの準備物	製品の交換価値を高める補助	共創を行うための資源

出所：筆者作成。

が生まれるまでのプロセスがどうであるかが顧客にとって重要なこととなっていることがわかる。

(4)　文脈価値（Value-in-context）

　上記の共創の結果，良い写真が撮れるようになるという文脈価値が生まれる。また，上級者用レンズや上級者用カメラを使うとどのような改善が得られるかがわかることも顧客にとっては文脈価値となっている。4Ps の枠組みでは製品の良さなどを理解することで交換価値を高めると理解され，あくまでも価値があるのは製品そのものであるが，価値共創の枠組みでは共創のプロセスを経た文脈価値が形成されるのである。

第4節　おわりに

　ここまで述べたように本章のキヤノン・マーケティング・タイランドにおけ

る事例は，単にカメラやレンズを販売することだけに焦点をあてたものではなく，顧客の文脈において価値を生み出すために直接的な接点を持って価値共創をしようとしているものであることがわかった。一眼レフカメラはその他の電気製品などと比較すると，使用するためにはナレッジやスキルを要する。そこに企業が入り込む余地があり，共創することが重要な製品だともいえる。それを企業が理解し，トレーニングなどの接点を年間100回以上も持ち，そこへ専門の社員やプロの写真家を送り込み，顧客とコミュニケーションを取り，顧客が何を欲しているのか理解している。トレーニングなどに必要な資源を共創の場に用意し，相互作用を行っている。その結果，顧客の文脈価値が生まれている。特に相互作用を直接行う講師が重要であり，そこでのホスピタリティなど相互作用を行うプロセスも重要なものの１つである。

　成熟社会である日本においては，一眼レフカメラのマーケティングにおいてサービスに重点をおいた取組みが行われているが，本研究を通じて経済発展の途上にあるタイにおいても交換価値から利用価値，文脈価値へ重きをおいたマーケティングが行われていることが明らかとなった。

注
(1)　キヤノン株式会社ウェブサイト「キヤノンの歴史 1933-1961」（https://global.canon/ja/corporate/history/01.html〔2020年7月3日閲覧〕）。
(2)　キヤノン株式会社ウェブサイト「会社情報」（https://global.canon/ja/corporate/information/profile.html〔2020年7月3日閲覧〕）。
(3)　キヤノン株式会社ウェブサイト「2019年12月期決算説明会資料」（https://global.canon/ja/ir/conference/pdf/conf2019j.pdf〔2020年7月3日閲覧〕）。
(4)　同上。
(5)　株式会社ニコンウェブサイト「2019年3月期決算報告資料」（https://www.nikon.co.jp/ir/ir_library/result/pdf/2019/19_all.pdf〔2020年7月3日閲覧〕）。
(6)　Fact-Link ウェブサイト（https://fact-link.com/mem_profile.php?pl=jp&mem=00000843&page=00001846〔2020年7月3日閲覧〕）。
(7)　Canon Marketing Thailand ウェブサイト「Products Photography」（https://th.canon/en/consumer/products/search?category=photography〔2020年7月3日閲覧〕）。

（清野　　聡）

第 5 章　　　　　　　台湾 KFS 社

価値共創による新たなビジネスの創造とは何か

第 1 節　はじめに

　近年，村松［2015b; 2017a; 2017b］は新しいマーケティング，すなわち「消費プロセスで直接的相互作用によるサービス提供を通じた顧客との共創によって文脈価値を高めるマーケティング」を価値共創マーケティングとして捉え，その中で，4C アプローチを新しいフレームワークとして提示した。4C アプローチとは，顧客との接点をどのようにして持ち，さらに顧客接点を通じて消費プロセスに入り込み，そこで顧客とどのような双方向コミュニケーションをとり，顧客と共創を行い，さらにどのような文脈価値を生み出すかについて分析するアプローチである。したがって，伝統的マーケティングでいう 4Ps アプローチではみえてこない新たなマーケティング領域，そして，そこで展開される価値共創マーケティングがこの 4C アプローチで明らかになる。

　4C アプローチでは，顧客との接点をいかにして持つかが最重要であることを示しているが，サービス業と小売業は顧客と接点を持ちやすいのに対して，製造業の場合は，一般に顧客と直接的なやり取りをしないため，接点を持つことが難しい。すなわち，製造業にとって顧客といかにして接点を持つかがより重要な課題である。また，近年，ロボット工学や，人工知能，自動運転車など多岐にわたる分野における新興技術の開発を特徴とする第 4 次産業革命の急速な進展に伴い，製造業もモノづくり産業からソリューション・サービス産業に劇的に変化してきた。さらに，情報技術の急速な進展は，顧客間で発生する情報の増大を生み出したため，企業から顧客に一方的に情報や資源を提供するの

ではなく，顧客も主導的に口コミや SNS 等で必要な情報や資源を自ら入手し活用する動きが顕著になってきた。すなわち，これまでの製造企業と顧客との関係が大きく変わってきた。

　実際，日本の製造業の中で現在の事業領域に満足していない企業は約 6 割に上り，今後の事業展開の方向性として，現在とは異なる事業領域に進出したいと考えている企業は約 20% に上っている（経済産業省［2019］）。そのため，製造企業は顧客との関係を見直して国際競争力を上げるために新たな事業展開等を考え直す必要がある。そして，こうした背景の下で，本章で取り上げる価値共創，価値共創マーケティングという用語は研究者間にのみならず，一般社会においても認知されるようになってきている。

　そこで，ここでは，価値共創マーケティングが示す 4C アプローチに基づき，製造企業の事例分析を行い，さらに，そうした価値共創が新たなビジネスの創造にどのようにつながるかについて明らかにする。しかし，伝統的マーケティングにおける 4Ps アプローチとの差異を鮮明にするため，まず最初に，当該企業を 4Ps アプローチで分析し，続いて，4C アプローチによる分析を試みるものとする。

第 2 節　4Ps に基づいた事例分析と問題点

1　事例企業の概要

　本研究の研究対象は台湾のベンチャー企業である KFS グループ（台湾名「金利食安科技股份有限公司」，英語名 "KEE Fresh & Safe Foodtech Co., Ltd"，以下，KFS 社）であり，2011 年に設立された製造業企業である。KFS 社の親会社は 1965 年に創設された KEE グループであり，紡績を主要事業としていたが，ネーム・プレートも小規模につくっていた。しかし，紡績事業は

火災に遭ったため不調に陥ったが，ネーム・プレート事業は逆に好調になってきたため，KEEグループはネーム・プレート事業を主要事業にして電子部品等の製造にも力をいれて，徐々に世界各地に進出した国際大企業に発展していった。

　KEEグループは，複雑な海外進出の経緯を経て，今のKFS社の創設に至った。KEEグループは最初に海外進出したのはタイでの工場新設だった。1989年にタイ側の要請に応じて，子会社の工場を新設した。タイでの工場が軌道に乗った後，急速な経済発展がはじまった中国への進出を決めた。1992年に上海の近郊で子会社をつくり，その後さらに2つの工場を新設し，1996年にアメリカでも子会社を設立し，国際大企業に発展していった。さらに，2011年になると，中国で株式上場をした。しかし，株式上場した中国子会社は政治等の理由でうまくいかなくなったため，売却し，その資金で台湾に食品のベンチャー企業であるKFS社を新たにつくった。

　事例企業であるKFS社は主に果汁等の自然食品を製造する食品会社である。本社は台北に置くが，主要工場は果物の産地である台湾の南部に位置する。事業領域は大きく2つに分かれており，1つはHPP（超高圧殺菌技術）事業領域，もう1つはブランド事業領域であり，果汁や，スズキのエキス，コーヒー等を製造している。果汁事業はB2BとB2Cの両方を行っているが，ほとんどはB2Bである。そして，スズキのエキスやコーヒー等の事業はB2Cである。

2　事例企業の経営理念と組織文化

　後述するインタビュー調査で経営者が繰り返して語ったのは事例企業の経営理念だった。KFS社の経営理念は，創業者の廖理事長が堅持してきた「すべての顧客のために，新鮮・安全・健康的なモノの提供」であり，現代人の需要に合ったナチュラルで健康に良いものをつくるという会社の方針に沿ったものである。また，「わが社はこの方針に従ってモノづくりをし，たとえどんなに

金儲けができても健康に悪いものはつくらない」,「このような純粋な果汁をつくるのは利益があまり出ないが，これからもこの信念を堅持してやっていくつもり」とも述べており，こうした顧客を大事にする経営理念は同社に深く浸透している。

　以上のような KFS 社の経営理念は，その親会社である KEE グループの長い歴史の中でつくってきた経営理念と組織文化を継承したものである。前述したように，KEE グループは 3 回にわたって海外進出し，国際大企業に発展していったが，海外進出の際に，経営理念と組織文化を海外の子会社と工場にも移転し，「顧客を大事にする」,「従業員を大事にする」という組織文化を守ってきた経緯がある。このような経営理念と組織文化の下に，KFS 社が製造している食品はすべて HPP 技術でつくった 100％の天然食品である。

3　4Ps に基づいた事例企業の分析

　村松［2015b］によると，これまでマーケティング研究の中心にあったのはマーケティング・マネジメントであり，特に product, price, promotion, place（channel）からなるマーケティング・ミックスあるいはマーケティングの 4Ps は，そのままマーケティング・マネジメントの体系を成すものである。そこで，本章では，事例企業のマーケティングにおける統合をまず 4Ps に基づいて分析を行う。

　しかし，事例企業は，2011 年に新たに設立されたベンチャー企業であるため，規模が小さく，知名度も高くない。そのため，事例企業を対象にした先行研究はまだ存在しない。したがって，本章では，事例企業に対して 4Ps 分析を行うことにした。分析を行う前に，4Ps とは何かについて簡単に整理する。

　Waterschoot and Bulte［1992］によると，マーケティング・ミックス概念は，Borden によって発案されたものであり，1953 年，自らによるアメリカ・マーケティング協会の会長講演の中で，はじめてマーケティング・ミックス概念が提唱された。一般的に，4Ps は，McCarthy［1960］による product, price, promotion, place からなり，製品，価格，広告，流通チャネルを意味している。村松［2009］によると，Borden にはじまったマーケティング・ミックス概念は，McCarthy によって洗練された 4P 概念と同意語であり，これらの主張は「標的市場に適合する最適なマーケティング・ミックス，すなわち 4P を構築せよ」ということであり，同時に「マーケティング・ミックス，すなわち 4P を統合せよ」ということを意味している。以下では，統合という意味では，4Ps に基づいて事例企業の分析を行う。

　まず，product（製品）については，前述したように，事例企業の KFS 社は，創業者の寥理事長の経営理念である「すべての顧客のために，新鮮・安全・健康的なモノの提供」の下で，「現代人の需要に合ったナチュラルで健康に良いもの」という製品コンセプトを出している。そのため，KFS 社の製品づくりは，利益のためではなく，顧客の健康に良い製品をつくることを心がけている。

　次に，price（価格）に関しては，KFS 社は顧客に良い商品を提供するために，HPP 技術を用いて，主な事業領域である果汁，スズキのエキス，コーヒー等の製造を行っているが，技術上製品をつくるのに高いコストがかかる。そのため，利益は高くないのに，価格は一般的な市販品よりは 2，3 倍くらい高くなっている。

　さらに，promotion（プロモーション）に関しては，事例企業はテレビ広告等の一般的な企業宣伝をせず，百貨店や展示会，病院等の試食を通じて製品を知ってもらい，さらに口コミや SNS を通じて顧客を増やしてきた。たとえば，スズキのエキスに関しては，中国大陸や台湾等の中華圏では，妊婦が鶏のスープなどを飲んで栄養補給をする場合がよくある。そこで，KFS 社は，展示会または子供用品店で妊婦に試飲してもらうことで購入してもらう。そして，百貨店（B2C）や，ネット販売（B2C），病院での試飲（B2C）で顧客に購入してもらうこともある。これに関しては，KFS 社の寥係長によると，展示会に来た妊婦の方に試飲してもらい，商品の栄養について説明し，直接購入してもらう。妊娠する際の栄養管理について相談されることが多いため，その場で，

LINE や Messenger，Facebook 等の SNS を通じてお友だちになる。企業に直接相談することで顧客もより安心感を得られるという。

最後に，place（流通チャネル）に関しては，事例企業は自社工場と自社物流を持っており，B2C では，ネット上の直売か百貨店等の小売を通じて販売を行うが，B2B では，自社物流で顧客に直接に届ける。

4　小括─4Ps 分析における問題点─

以上，事例企業の概要と 4Ps に基づいた分析を行ったが，こうした 4Ps 分析にはいくつかの問題点がある。

まず，4Ps 分析では，企業が標的となる市場に向けて効率的なマーケティング活動を行うため，4P をいかにして選択し，組み合わせるのかという意思決定をする。その中でも製品が最も重要であり，顧客に製品を購入してもらうために，どのようなマーケティング戦略を取るのかに重点を置いている。そして，市場で交換されるものは製品であり，顧客は管理・操作の対象者として認識する。また，価値尺度は交換価値（価格）であり，売り手が価値判断の主体であり，価値創造者である。

一方，こうした製品（グッズ）を中心とした考え方を G-D ロジックとし，新たに提示されたのが S-D ロジック（Vargo and Lusch［2004］）である。S-D ロジックは，無形な資源，価値共創，関係性に焦点をあてた新しいドミナント・ロジックである。マーケティング・マネジメント（4Ps）に基礎を置いた G-D ロジックを中心とした伝統的なマーケティングでは，交換されるものはグッズであるのに対して，S-D ロジックでは交換されるものはサービスである。また，G-D ロジックの交換価値に対して，S-D ロジックにおける価値尺度は文脈価値であり，顧客およびユーザーが価値判断の主体である。すなわち，企業と顧客が一緒になって直接的作用を通じて文脈価値を共創するという形で価値創造する。

したがって，事例企業の価値共創および企業システムを考察するには，G-D

ロジックの視点よりも S-D ロジックの方が本質はわかる。さらに，こうした
サービス中心のロジックをよりマネジリアルな視点から示したのが S ロジッ
ク（Grönroos［2006］）であり，S-D ロジックと S ロジックを基盤に置きなが
らもより発展的に議論を進めたうえで，独自に提示されたのが価値共創マーケ
ティングである（村松［2015b］）。そして，そこでの分析手法として示された
のが 4C アプローチである。次の第 3 節では，この 4C アプローチを中心とし
た価値共創マーケティングの視点から分析を試みる。

第 3 節　4C アプローチに基づいた事例分析からみえる 新たなビジネスの創造

1　調査概要

　本事例研究を進めるにあたり，主にインタビュー調査とデータ源を活用し
た。すなわち，半構造化インタビュー調査と会社資料である。それらの調査方
法を採用した理由や，実施時期，インタビュー調査の対象者について説明す
る。
　本研究は，KFS 社の創業者である廖理事長，王社長，現場の担当者である
廖係長に調査依頼し，2018 年 5 月に台湾屏東にある本社工場で 1 回目のイン
タビュー調査を実施し，2018 年 9 月に台北で 2 回目のインタビュー調査を実
施した。調査依頼の際に，あらかじめ調査の主旨など大まかな質問項目を電子
メールで送付し，インタビュー調査の概要を把握してもらった。インタビュー
調査は，事前に用意したインタビュー・ガイドに順って実施している。インタ
ビュー調査の実施時に，事前に送付した質問項目で質問し，相手の返答で深堀
して柔軟に聞き取りを行った。
　インタビュー調査は，KFS 社の歴史から現場で顧客との価値共創のプロセ
スまで幅広い内容となる。したがって，1 回目の調査では，創業者の廖氏と，

会社経営している社長の王氏と，現場に詳しい係長の寥氏にそれぞれインタ
ビューした。第2回目の調査では，特に，創業者で会社に一番詳しい寥氏と，
長らく現場で働いてきた係長の寥氏に対して，より長く聞き取り調査をした。
また，先行研究がないため，社内資料を補足資料として活用した。

2　4C アプローチに基づいた事例分析

　前節の 4Ps 分析では，KFS 社は製品志向というよりも顧客志向であること
が明らかになった。そのため，本節では，同社がどのように顧客の消費プロセ
スに入り込み，さらにいかにして顧客接点をつくり，どのようにしてコミュニ
ケーションをし，価値共創をして文脈価値を創ってきたのかについて，前述し
た 4C アプローチを用いて分析する。
　4C アプローチを具体的にいうなら，顧客とどのようにして接点を築き，価
値共創を行っていくのかについて，contact（接点づくり），communication
（顧客と双方向のコミュニケーション），co-creation（価値共創），value-in-
context（文脈価値の創造）からなる顧客へのアプローチを企業は統合的な
マーケティング行為として推進していくことである。
　まず，顧客との接点づくり（contact）について，価値共創は，顧客の消費
プロセスで企業と顧客との直接的相互作用を通じて行われるため，顧客と直接
的な相互作用をするために，顧客と接点を持つことが重要である。KFS 社は
創業以来，主に展示会や百貨店，病院での試飲等を通じて顧客との接点を積極
的につくってきた。たとえば，展示会をよく開くことで，顧客または B2B の
取引先の人に飲んでもらい，会社や製品を知ってもらうことで顧客と接点をつ
くる。そこで委託加工などの商談にもつながる。また，スズキのエキスに関し
ては，展示会または子供用品店で妊婦に試飲してもらうことで購入してもら
う。そして，果汁やコーヒー等に関しては，百貨店（B2C）や，ネット販売
（B2C），病院での試飲（B2C）で顧客と接点を持つことにする。
　次に，顧客と双方向のコミュニケーション（communication）について，

KFS社は，上述した多様な形で顧客と接点を持った後に，顧客とLINEや
Messenger，Facebook等を交換して，SNSを通じて顧客と長期的なコミュニ
ケーションを交わして，価値共創を行っていく。SNSを通じて，顧客に新し
い製品の案内や，製品の使用過程における必要な知識，健康に関する専門家の
講座や講演会を積極的に案内する。また，KFS社の製品に興味を持っている
顧客の多くは健康意識が高い人であるため，KFS社にSNSを通じて健康や製
品について質問したり，実際にKFS社の展示会に来て確認したりした。KFS
社も接客スタッフを設けて，顧客の質問に丁寧に対応するようにした。ただ，
接客スタッフは，より正確に製品や健康等に関する知識を顧客に伝えるため
に，マニュアルにないものは社内の技術者等に直接に尋ねてから顧客に答える
ようにしている。さらに，このような顧客とのやり取りをすべてマニュアル化
にしてきた。このようにしてKFS社と顧客との双方向のコミュニケーション
が行われてきた。

　最後に，顧客との価値共創（co-creation）と文脈価値の創造（value-in-
context）について，KFS社は顧客と接点をつくった後，SNSを通じて顧客と
のコミュニケーションを取ってきた。その結果，KFS社は社内の技術者に必
要で正確な商品に関する知識を提供してもらい，さらに接客担当者を通じて顧
客に提供してきた。一方，顧客もSNS等を通じてKFS社から商品や健康に関
する知識を入手し，講演会や講座を通じてさらに必要な知識を入手してきた。
このような双方向のコミュニケーションを交わすことで，顧客と企業は価値共
創をし，その結果，顧客の文脈価値が高められ，より満足し，さらにKFS社
と長く交流し続けていく。

　しかし，こうした価値共創は，実は，新たなビジネス創造にもつながってい
く。そこで，事例企業における顧客との価値共創がどのように新たなビジネス
を創造したかを明らかにする。そのためには，事例企業の消費プロセスにおけ
る顧客との価値共創を支えるナレッジ・スキルは事例企業のどこからくるの
か，事例企業の複数回の海外移転を通じて当該企業の企業システムについてさ
らに分析する必要がある。

図表5-1で示すように，事例企業は創業後台湾からタイ，中国大陸，アメリカ，また台湾へと海外移転を繰り返した。複数回にわたる海外移転に合わせて，事例企業はその都度経営資源を海外に移転してきた。しかし，2011年に事例企業は中国大陸で株式上場するために，一旦タイ・アメリカの子会社を売ったが，上場した後にうまくいかず，上場した中国子会社を売却した。その後，台湾でKFS社を新設した。

　事例企業の海外移転に伴う資源移転は，海外進出する国に合わせて異なっていた。当時台湾より後発国だったタイと中国大陸への海外進出に伴う経営資源の移転は，台湾の親会社から「ヒト，モノ，カネ，技術と組織文化等の情報資源」の移転だった。一方，先進国であるアメリカへの海外進出に伴う経営資源の移転は，「カネと組織文化等の情報資源」のみであった。これに関しては，寥理事長は，タイと中国大陸には技術と技術者が足りないため，技術の移転が重要だったが，現地に企業文化と経営理念の浸透に特に力を入れていた。たとえば，従業員を大事にするため，タイと中国大陸の工場に従業員食堂をつくったり，女性社員のために子供を預ける場所をつくったりしていた。一方，アメリカの技術は台湾より先進的であるため，技術の移転をせず，主として企業文化や理念の移転をしていた。

　すなわち，事例企業は，これまでに複雑な海外移転の経緯を持っているが，

図表5-1　事例企業の海外移転の詳細

出所：インタビュー調査により筆者作成。

資源移転に伴う経営資源の移転の中心は，創業者の経営理念あるいは組織文化であった。特に，最後に設立したKFS社は，これまでの事業範囲と異なり，新たな食品事業を手がけることになった。その際に，創業者が長年堅持してきた経営理念または企業文化を新しい会社に持ち込み，それをもとに，事業を展開してきた。

　KFS社の複数回にわたる資源移転を考察すると，消費プロセスにおける価値共創のためのナレッジやスキルは最初に設立したKEEグループからきたのである。すなわち，事業企業は海外移転のプロセスの中で，企業文化や経営理念の移転ができたため，消費プロセスにおける顧客との価値共創のためのナレッジやスキルという資源を提供できた。

3　新たなビジネスの創造

　4Cアプローチに基づいたKFS社の事例分析によると，当該企業の寥理事長は創業時から現在までに最重要視してきたのは，顧客中心の「経営理念」あるいは「組織文化」である。すなわち，中国子会社から台湾への海外移転に伴う資源移転の中で，一番重要だった移転は，創業者の「経営理念」または「組織文化」であった。

　そのため，事例企業は複数回海外移転しても顧客との価値共創を実現することができたのである。事例企業の親会社であるKEEグループは小さな家族企業であったが，徐々に成長してきて，紡績や，ネーム・プレート等の製造に手がけていた。ネーム・プレート事業がうまく軌道に乗った後，委託加工の形で，電子製品や携帯のカバー（ノキアなどに提供）などをつくっていた。そして，医療器械の事業分野にも参入した。さらに，その後，タイ，中国大陸とアメリカに進出して事業を徐々に拡大していった。親会社がネーム・プレートや電子製品等をつくっていたのに，なぜ新設した会社は食品事業という新たなビジネスを創ってさらに顧客との価値共創が続けられたのか。それは，事例企業の中に顧客中心の「組織文化」の継承ができたからといえる。

すなわち，村松［2015b］が市場創造の視点から企業と顧客の関係を捉え，また，統合という視点から構築した価値共創型企業システムに基づくと，企業は顧客との価値共創を起点に企業システムが構築されるが，一方，顧客との相互作用を通じて共創領域を拡大し，もって市場創造を図る。

　つまり，村松［2015b］が指摘するように，顧客との共創領域を拡大し，市場創造することを可能にするために，4C アプローチ経営諸機能等の内部統合と，サプライヤー等の外部統合を進める。その価値共創を内実とした市場創造と，それを実現する企業システムを支える統合も，いわゆる企業文化または経営文化と深い関わりがあり，企業文化は市場創造や統合といった鍵概念を生む土壌にあたる。すなわち，事例企業は，複数回の海外移転を経ても，最終的に食品事業という新しいビジネスの創造ができたのは，それを生む土壌である「顧客重視」，「従業員重視」の組織文化を一貫して重視してきたからである。

　本研究の事例企業は，顧客との接点づくりを重視し，顧客との接点づくりや顧客との双方向コミュニケーションのために努力してきた。また，組織における情報伝達の効率性もよく，オープンな組織文化の下に，管理職，技術職と現場のスタッフとの間の情報交換がスムーズに行われ，顧客に正確かつ迅速に有用な情報を伝えるのに努力してきた。さらに，顧客接点に対する支援の柔軟性という点に関しても，顧客からすれば企業との直接的なやり取りを通じて当該企業の組織文化を身近に感じることができ，企業からもより支援しやすくなる。

　したがって，事例企業の経営理念としての顧客中心の考え方に基づくナレッジ・スキルは，企業が元々保有している組織文化からくるものであり，そのもとで構造化された経営文化が事例企業のこれまでの戦略を，また，組織文化が事例企業の組織を導いてきて，新たなビジネスの創造につながった。

第 4 節　おわりに

　本章では，価値共創マーケティングに 4C アプローチによる台湾企業の事例分析を通じて，それが新たなビジネスの創造につながるかについて分析を行った。その結果，事例企業の創業者が築いてきた「組織文化」が複数回海外移転を経ても継承されてきて，さらにそれは消費プロセスにおける価値共創につながった。また，その価値共創を内実とした市場創造と，それを実現する企業システムを支える統合も，事例企業の企業文化と深い関わりがある。すなわち，事例企業が継承してきた顧客重視の企業文化は新しい市場創造を生む土壌にあたり，それが事例企業の新しいビジネスの創造につながった。

　しかし，本研究は，企業のみを対象にしてインタビュー調査をし，さらに分析したが，価値共創の主体である顧客を対象に分析できていない。価値共創の主体である顧客を対象にインタビュー調査することを今後の課題にしたい。また，本研究では，台湾の企業を対象に研究したが，国際比較のために，今後の課題として，日本を含めたアジアの企業と欧米の企業も対象にして研究を続けたい。

《インタビュー調査一覧》

第 1 回目調査：2018 年 5 月 21 日　9 時半-12 時に台湾屏東にて実施
　　　　　　　インタビュー調査対象：KFS グループ（台湾名：金利食安科技股份有限公司）寥理事長，王社長，寥係長。

第 2 回目調査：2018 年 9 月 29 日　14 時-18 時に台湾台北にて実施
　　　　　　　インタビュー調査対象：KFS グループ（台湾名：金利食安科技股份有限公司）寥理事長，寥係長。

（江　　向華）

第6章　ドン・キホーテ

チェーンストア理論を超える価値共創とは何か

第1節　はじめに

　伝統的なチェーンストア理論は，品揃えやサービスを本部主導で標準化した店舗を多数展開することで大量販売を行い，かつローコストで運営することを目指してきた。しかし，本部主導で標準化を進めて経営効率を上げていくと，個店ごとに異なる特有のニーズに対応することが難しくなる。また，小売各社が企業起点の視点で一斉に経営効率の改善を志向すると，品揃えや接客サービスが類似する傾向になり，競合との差別化が困難となってしまう。本部が主導する伝統的なチェーンストア理論に基づく小売マーケティングは，顧客を価値決定者と捉えておらず，価値共創を実現することが難しい。

　一方，上記の課題を克服するため標準化の度合いを弱め，個々の地域の店舗の状況に反映した品揃えやサービスを実践すると，集中購買による調達コストの低減やサービスの効率性が失われ，チェーンストアの強みである経営効率化が実現できなくなる。企業が顧客の消費プロセスに寄り添い顧客の文脈価値を高める一方で，企業がローコストを実現する小売マーケティングは存在するのであろうか。

　本章では，チェーンストアの経営効率を向上させながら，価値共創を実践する小売マーケティングの可能性を検討する。日本の小売業界で第4位の売上規模でありながら，個々の顧客の消費体験の最大化を目指し，価値共創を実現しているドン・キホーテを取り上げる。店舗数327[1]を有するチェーンストアであるドン・キホーテは，品揃えや売場づくりなどの運営権限を思い切って個店

へ委譲し，個々の地域の状況に応じた店舗オペレーションを行っている。一般のチェーンストア理論とはかけ離れた個店経営をしながら，継続的に成長し，かつ高利益水準を保っている。顧客とのさまざまな接点を有して価値共創を高めようとするドン・キホーテは，チェーンストアの価値共創マーケティング研究に相応しい事例であると考える。持ち株会社であるパン・パシフィック・インターナショナルホールディングス（以下，PPIH）IR 部門に対するインタビューや独自の店舗視察に加え，決算説明資料など同社公表資料，同社公式ツイッター，創業者安田隆夫（以下，安田）氏の著作である『情熱商人―ドン・キホーテ創業者の革新的小売経営論―』，複数メディアの記事などをもとに分析を行った。

第 2 節　流通グループ　ドン・キホーテの概要と 先行研究

1　ドン・キホーテの概要

　1978 年にオープンした東京西荻窪でサンプル品，キズモノ，廃棄品などのアウトレット品を取り扱ったわずか 20 坪の雑貨店（店名，泥棒市場）を起源としている。資金力と知名度がない泥棒市場は仕入と販売でさまざまな苦難を味わった。しかし，コンビニエンスストアが 23 時閉店であった時代の深夜営業，狭い店舗を有効活用するため商品を天井まで積み重ね上げた陳列，宝探しのようなレイアウトなど，他店ではみられない取組みを積み重ね繁盛店となった。ノウハウと資金を貯め，卸専業の現金問屋に転身した後，1989 年に安田は再び小売に戻り現在の主力業態であるドン・キホーテ 1 号店（府中，400 坪）をオープンした。

　ドン・キホーテの企業原理は CVD+A である。立地や営業時間の長さなど便利（CV：Convenience）で，安い（D：Discount）という機能価値に留まら

ず，来店した顧客に買物本来の楽しさや感動，意外性や驚きなどアミューズメント（A：Amusement）という感情価値を提供し，買い物のエンタテーメント化を目指している。CVD+A という企業原理を組織全体で浸透させるために，安田は経営理念やリーダーの心得，仕入・売場づくりなど実務面の心得，人事評価の基準などを企業理念集「源流」に明文化している。自業態をコア事業としながら，ドン・キホーテは GMS（総合スーパー）の長崎屋（2007 年 10 月），ユニー（2019 年 1 月）を経営傘下に入れてきた。中央集権型の経営を行ってきた伝統的な小売業に，ドン・キホーテ型の経営を導入することで，傘下企業の業績を大きく向上させてきた。2020 年 4 月現在 30 期連続で増収増益を続け，PPIH グループ全体で，2019 年 6 月期は売上 1.3 兆円，前年比 141%と高成長し，営業利益は 613 億円，売上高利益率 4.7%[2]と高利益率の一大小売業に成長している。

2　先行研究のレビュー

(1)　伝統的なチェーンストア理論研究

　伝統的なチェーンストア理論は，近代小売業を製造業の大量生産，大量販売を実現するための装置として位置づけている（田村［2001］；住谷［2009］）。品揃えやサービスを標準化したプロトタイプの店舗を多店舗展開するチェーンストアは，売上を最大化し規模の利益を追求するとともに，標準化によりローコスト構造を実現するメカニズムを持っている。頭脳である本部が戦略を立案し，店舗は忠実にこれを実行する中央集権型の組織である。ドン・キホーテが傘下に入れた長崎屋，ユニーなど GMS は，典型的な中央集権型チェーンストア企業である。製造業のマーケティング・ミックスに関心を持ってきた Lazer and Kelley［1961］は，McCarthty［1960］が展開した 4Ps を小売業に適用し小売ミックスという概念を提示した。その後，さまざまな論者が小売ミックスの概念を発展させた（大橋［1994］；藤岡［2009］）。ここでは Fisk［1969］による小売ミックス（品揃え・店舗立地・店舗装飾とレイアウト・サービス提

供）に基づき GMS のマーケティングを分析したい。

　企業起点の GMS は，本部投入型の標準化した品揃えをセルフサービスで，圧倒的な安さで販売することを目指してきた。ダイエーのセービングス，イトーヨーカ堂のカットプライスなど，1980 年代に GMS が主導したことによる価格訴求型のプライベートブランド（PB）は，消費者から一定の支持を得たが，そのライフスタイルに入り込むことはできなかった。一方，「わけあって安い」という理念のもと西友の PB からスタートした無印良品は，その後顧客との共創をより重視する「これでいい」「ハイクオリティ・ベーシック，リーズナブルプライス」へとブランドコンセプトを昇華させ現在の繁栄に至っている。取引先に対し厳しい交渉で仕入価格を下げ低販売価格を実現してきた GMS は，取引先と価値を共創しながら顧客の生活に寄り添う，という視点が少なかった。交換価値を重視する GMS には，文脈価値を高める発想が薄かったたといえる。

　GMS は，競争力の源泉である豊富な品揃えを郊外店舗（店舗立地）で展開してきた。品揃えとともに，店舗の売場をできる限り標準化[3]（店舗装飾・レイアウトなど）して経営効率を高め，またモータリゼーションに備えるために大駐車場を併設した。また競合店よりも安く大量販売するため，セルフサービスを原則とし，同一商圏の複数店舗で標準メニューのチラシ・広告（サービス提供）を展開してきた。訴求する単品を大量に陳列しコストを下げるためにセルフ販売と各店共通の POP を本社から送り込んだ。GMS は中央集権の組織体制で品揃え・サービスを標準化することで経営効率を上げる一方，従業員が顧客と共創して文脈価値を高めることを組織的に取り組まなかった。結果として，品揃えやサービスは類似し，競合と差別化をすることが難しくなっていった。GMS に代表される伝統的なチェーンストア理論は，顧客の消費プロセスを研究対象としてこなかったといえる。

（2）　サービス業のインターナルマーケティングにおける権限委譲研究

　マーケティング部門の専門スタッフのみでなく，調達・営業・物流などあら

ゆる部門のスタッフは何らかの形でマーケティングに関わっている。こうした従業員の生産性を高めるため彼らを企業の内部顧客として扱い，彼らのニーズに応え，会社を発展させる方策がインターナルマーケティングである。サービス従業員が接客を行うサービス業ではその重要性が注目されている（Fisk *et al.* [2004]；Grönroos [2007a]）。インターナルマーケティングの主要概念としては，エンパワーメント（権限委譲）とイネーブリングがある。

　店頭での顧客とのやり取りがあらかじめ想定しきれない小売業において，権限委譲はサービス従業員が本部や上司の了承がなくとも自律的に売場づくりや価格設定ができる一定の権限を与えることを意味する。Bowen and Lawler [1992] は，権限委譲のメリットとして，顧客のニーズや不満に迅速に対応できる，従業員が自らの仕事に満足し自信を持てる，従業員がより積極的に顧客に対応し顧客維持に貢献する，従業員が新しいアイディアの発信源になるなどを挙げている。権限委譲された従業員が業務を遂行するためのプロセスや支援要素がイネーブリングである。イネーブリングは，上司や本部が情報を提供するマネジメントサポート，技術や業務知識を提供する知識サポート，システムやテクノロジーなど必要なツールや法務・経理・IT などのサポートスタッフによる技術サポートを含む。

　本章では伝統的なチェーンストア理論に基づく小売ミックスとは対照的なマーケティングを考えてみたい。本部による標準化の度合いを弱め，個々の店舗がそれぞれの商圏に合わせた品揃えやサービスを展開していくと，企業は顧客の消費プロセスに気を配れるようになる。その反面，集中購買による調達コストの低減やサービスの効率化が実現できなくなり，チェーンストア経営の強みである経営効率が上がらなくなる。各店舗のビジネス作法が異なる烏合の衆の集まりでは，チェーンストアは利益を上げることはできない。このような認識のもと，小売業が顧客の消費プロセスに寄り添い顧客の文脈価値を高めながら競合と差別化する一方で，経営効率を高めるマーケティングの可能性を追求してみたい。次節では，ドン・キホーテの権限委譲型価値共創マーケティングにその解を求める。

第3節　権限委譲に基づくドン・キホーテの価値共創マーケティング

1　ドン・キホーテの権限委譲経営

　伝統的なチェーンストア理論は，本部を頭脳，店舗を手足と位置づけられているが，ドン・キホーテでは徹底した現場への権限委譲を行っている。店舗に頭脳と神経系統が供えられ，本部はサポートに徹している。店舗は，会社の資金を運用（商品仕入・売場づくり）するファンドマネージャー的存在である。起源はドン・キホーテ1号店設立に遡る。売場面積20坪の泥棒市場に比べ数十倍に規模が大きくなった1号店では，安田一人での切り盛りができなくなった。安田は圧縮陳列など自らが体得したノウハウを複数の従業員に手取り足取り教えこんだが，なかなかノウハウの習得が進まない。悩んだ末，安田は教えることをやめた。仕入れを従業員に任せ，従業員が販売まで責任をもって最終的に売り切る態勢をとった。従業員は自ら考え体験することで，運営技術を体得していった。野放図に従業員に業務を任せるのではなく，最小限のルールとタイムリミットを決め，でき栄え基準を明確化し互いに競わせて従業員のやる気を引き出していった。業務を任された従業員一人ひとりが商店主の立場で顧客に向き合う中で，ドン・キホーテは地域の顧客のニーズにあった品揃え・サービスを実現し，圧縮陳列，モノ言う手書きPOP（後述）など一般的なチェーンストア理論とはかけ離れた手法をつくり上げてきた。従業員に任せる大切さを学んだ安田は，権限委譲を経営の中核概念とした。

2　権限委譲を通した顧客との接点・コミュニケーション・価値共創

　商品のほとんどが他の小売店でも取り扱われており，品揃え自体にドン・キ

ホーテの差別化要因があるわけではない。またディスカウント店として相対的に安い価格を提示しているが，価格そのものが競争優位の源泉ではない。権限委譲された店舗従業員の創意工夫により顧客の文脈価値を高めようとするドン・キホーテのマーケティングは，中央集権型の組織を前提とする伝統チェーンストア理論に基づく小売ミックスでは説明ができない。そこで，企業と顧客が価値共創を行うプロセスをモデル化した4Cアプローチ（村松［2015a］）による分析を試みる。

　伝統的なチェーンストア理論では，「見やすい」「取りやすい」「選びやすい」という陳列原則がある。棚単位での陳列アイテムを絞り込み，顧客が手に取りやすい床下110〜140cmのゴールデンゾーンに商品を陳列し，通りやすい通路で一品一品を丁寧に見せることを目指している。商品の機能や価格を顧客に知らせるPOPは，原則として本部から一括投入される印刷媒体である。一方，ドン・キホーテではこうした原則に反した圧縮陳列と手書きPOPで売場づくりをしている。圧縮陳列とは，限られた売場に大量の商品を陳列し，あえて無秩序に見える空間を演出する手法である。権限委譲を受けた各店の売場担当者が主導するスポット調達は仕入全体の6割を占め，さまざまな形で陳列されている。ゴールデンゾーンを上回る床下から240cmの棚を活用した上部陳列，天井から商品を吊り下げる陳列などが，ドン・キホーテならではの世界観をつくっている。こうした圧縮陳列により売場に埋没してしまう可能性がある商品を際立たせる役割を担うのはモノ言う手書きPOPである。虫と殺虫剤が戦うシーンを見せるなど，顧客が商品を実生活で使用するシーンを想起させるよう，丸文字と挿絵を組み合わせた手書きPOPを専任のPOP職人が作成[4]し，顧客の購買意欲を刺激していく。このように圧縮陳列とモノ言う手書きPOPにより魔境感[5]を出し，あえて顧客が商品を捜しにくい陳列を行うことで，ドン・キホーテはトレジャーハント（宝捜し）的な楽しみを顧客が感じるように演出している。顧客は，整然とした売場で大量陳列された商品を買わされるのではなく，お目当ての商品を自分で見つけたという狩猟本能を満たすことができる。

ドン・キホーテの提供価値であるアミューズメントは，非日常的な生活シーンでより効果的に発揮される。ここでは，2つのシーンを取り上げたい。第1は，すっかり日本の風物詩となったハロウィンにおける文脈価値創りである。充実したコスプレ（仮装）売場を常設するドン・キホーテの店内は，10月になるとハロウィンの衣装を選ぶ顧客で溢れかえる（contact）。男性には囚人や幽霊，ゲームのキャラクター，女性には魔女やプリンセス，アニメのキャラクターなどさまざまな選択肢を用意されている。一人ひとりが個性を際立たせるため，衣装を選ぶ顧客に店舗スタッフがメイクや帽子など服飾品などを付け加える提案をしている（communication）。渋谷・川崎・なんばなどハロウィンで盛り上がる街に仮装をして出かければ，同様に仮装した人たちと触れ合うことができる。日常であれば他人同士干渉し合うこともなく通り過ぎるが，仮装者たちは笑顔で声をかけ合い，立ち止まって写真に収まる姿がみられる。仮装は日常における窮屈な社会規範から自らを開放し，別の社会規範に従って行動しようとする力や連帯感を生む（co-creation）。

　ハロウィンが社会に定着する一方，2018年には羽目を外した渋谷の若者が器物損壊などで逮捕された。またゴミの散乱，仮装への着替えによるトイレやオフィスビルの廊下の占拠などの迷惑行為が社会問題となった。渋谷ハロウィンの有力な推進役であるドン・キホーテは，渋谷区の呼びかけに応じ社会問題の解決に取り組んできた。更衣室の用意，当日の酒類の販売自粛，ゴミの持ち帰りの呼びかけ，従業員による翌日の清掃などクリーンで健全な街づくりをサポートしている（value-in-context）。2015年度に開始した取組みは，賛同する商業者が増えることで効果が表れ2019年度の混乱は最小限に抑えられた。無礼講の様相を呈していた非日常のハロウィンは，マナーを備えた社会行事になりつつある。

　また，ハロウィンは世代を超えつつある。ハロウィンパーティで天使に扮する子どもの母親に，仮装衣装のみでなく，トリート用のお菓子やポラロイドカメラを勧めるスタッフも散見される。衣食住のすべての日用品を取り扱うドン・キホーテだからこそ，世界観を単独店舗で顧客に提供することができる。

季節感を感じられなくなった認知症のお年寄りにも，ハロウィンは潤いを与える。デイサービスや特別養護老人ホームでは，入居者自身がかつらを被った仮装，カボチャの折り紙，お化け退治ゲームに興じ，鈍りがちな感情を取り戻す例もみられる。ドン・キホーテが提供する非日常は，生活者に新たな日常を届ける力がある。

　第2のシーンは，来日する外国人観光客への文脈価値創りである。2008年度にインバウンド消費対策に本腰を入れはじめたドン・キホーテには，3,000万人超の訪日外国人（2019年度）のうち，約500万人が来店している。ドン・キホーテを訪れる外国人の動機は国籍や年齢・性別などによりさまざまである。人口比で医療機関の絶対数が少ない中国人は，治療薬・予防薬など医薬品に対するニーズが高い。欧米系の若者は，美容・整形やゲームなどのアイディア品，アダルトグッズなどを求める声が多い。圧縮陳列，モノ言うPOP，際立った商品そのものが顧客を引き付けているが（contact），ドン・キホーテが外国人観光客を引き付けた背景には，企業と顧客の相互作用のみでなく，町全体との取組みがあった（communication）。時間を有効利用したい外国人観光客は，夕食後の10時以降に買い物に出かける傾向があるが，秋葉原の電気街をはじめほとんどの店舗が閉店している。各国語のPOPも整備するドン・キホーテの深夜営業は，貴重な受け皿となっていった（co-creation）。

　こうした中「訪日外国人が夜をより楽しめるように」というホテルの要請を受け，ドン・キホーテは2010年店舗周辺の飲食店情報とその特典情報を掲載した「ようこそ！マップ」を新宿・札幌・大阪でスタートした。従来個々の企業が売り手目線で取り組んでいた渡航者需要の取り込みから，地域全体で旅人の満足を高める顧客目線への転換したのである（value-in-context）。こうしたインバウンド需要の取組みを受け，2014年には新宿において伊勢丹をはじめ，京王百貨店・マルイなどがドン・キホーテと組み，相互送客の理念のもと共同販促を仕掛けた。店舗情報と訪日客向けの特典を掲載した4か国語のガイドマップを作成し，旅行会社と域内ホテルに配布した。この期間，ドン・キホーテの域内店舗の売上は前年比400%を超えた。日本人向け会員サービスの仕組

みを応用した訪日客向けの「ようこそ！カード」は，各種の特典の供給ツール
および消費データの宝庫である。免税販売データと合わせ，どの国の旅行客が
どの店舗でいかなる商品を購入しているか，インバウンド市場動向を即座に把
握できる。自社の効率改善と顧客の満足がともに上がる仕組みである。このよ
うにドン・キホーテの価値共創は，顧客の非日常的なシーンにおいて，より顕
著に実現されている。

3　アミューズメントと経営効率を両立させる戦略と組織文化

　店舗への権限委譲を進めるドン・キホーテは，魔境感がある売場をつくり，
顧客が売場を買い回る中で来店前には想定していなかった文脈価値を見出す価
値共創マーケティングを展開していることを概観してきた。しかし，多店舗展
開をする企業が，権限委譲を進めるだけでは，店舗ごとに商品やサービス，店
舗作業がばらばらになり高コスト構造に陥ってしまう。集中購買やオペレー
ションの標準化による規模の利益が働かなくなるためだ。企業原理として
CVD+A を掲げ，アミューズメント（A）とともにディスカウント（D）を掲
げるドン・キホーテはいかにして，経営を効率化させディスカウント戦略を掲
げられるのか。価値共創と経営効率化を同時に達成させているドン・キホーテ
の 4 つの施策を考察していく。

（1）　商品調達におけるローコスト化

　仕入の 4 割を占める本部からの送り込み商品は，伝統的なチェーンストア理
論に基づいて大量販売とローコスト経営を実現する食品や日用品など目的購買
関連の商品である。ここでは一般のチェーンストア理論が働く。また価値共創
を主導する 6 割の店舗主導のスポット調達においても，取引ベンダーを本部が
メンテナンスする Web システムから店舗の売場担当者が選択をする仕組みを
取っている。

（2）　食品エリアを軸としたローコスト化

　圧縮陳列で魔境感を醸し出す雑貨，アパレルなど非食品エリアに対し，機能性が高い商品特性を持つ食品売場では圧縮陳列がなく整然と商品を陳列している。控えめな BGM，明るい照明など，日常品の買い物のしやすさを追求し，短時間で買い物ができる環境を整えている。食品売場での安定した集客を非食品エリアに誘導することで，店舗全体の回遊性と売上を高め固定費の負担を軽減させている。

（3）　ロスカットルールと敗者復活の文化

　権限委譲された従業員が果敢に思い切った品揃えやプロジェクトに挑戦する場合，大きな成功を収める場合もあるが，一方で大損失につながるリスクを伴う。損失を生んだ担当者がその穴埋めをしようと，大きな賭けに出て損失がさらに広がるケースはどの業界でも散見される。ロスカットルールはこうしたダウンサイド・リスクを担保する仕組みである。一定のロス許容額を超過した場合，当該のカテゴリーの商品やプロジェクトは撤退することを厳格に決めている。圧縮陳列で大量に投入されている商品在庫は冷静に管理され同時に責任者の降格も実施する。多くの日本企業において幹部職の降格はあまり実施されないが，業績評価が厳しいドン・キホーテでは半年ごとの評価で降格人事はあたりまえのように行われる。厳しい人事評価は度を過ぎると社員の間に疲弊感を生み，失敗を恐れる社員は高い目標を掲げることをやめ，組織が沈滞するリスクを持つ。ドン・キホーテでは，降格した社員も一定の成績を収めれば返り咲ける敗者復活の仕組みを整えている。こうした失敗を容認する文化が，社員に常に挑戦させる土壌となっている。

（4）　ラックジョバーの活用による各店舗のレベル合わせ

　ドン・キホーテは，中小専門問屋であるラックジョバーを活用して，各店の品揃えや陳列がばらばらになり，秩序をなくすことを防いでいる。各店を巡回する彼らは，個店の個性を活かしながら，ドン・キホーテに共通する秩序ある

魔境感を出せるよう売場をメンテナンスしていく。難易度が高い圧縮陳列を各店が高い水準を保っている要因には，ラックジョバーの力が大きい。

4　ドン・キホーテの価値共創システム・モデル

　これまでの議論を踏まえ，ドン・キホーテのマーケティングの全体像を概観したい。ここでは，企業の内部と外部のそれぞれの統合により企業の価値共創が構築できることを示した価値共創型企業システム・モデル（村松［2015］）を用いよう（**図表6-1**）。
　内部統合は3要素からなる。第1は顧客と企業の価値共創が発展するプロセスである4Cアプローチである。権限委譲された従業員が圧縮陳列とモノ言うPOPにより，強力な接点をつくり顧客をアミューズメントの世界に導く。第2は売場の組合せである。非日常の魔境感を提供する非食品エリアと日常の必需品を提供する食品エリアを有機的に統合することにより，前者が提供するアミューズメントと，後者が提供する経営効率を同時達成させている。第3は財務と人事の制度である。権限委譲による従業員の士気を向上させる店舗運営は，本部主導の中央集権型運営に比べハイリスク・ハイリターンの特徴を有する。このリスクを回避するためにロスカットルールがあり，不振商品やプロ

図表6-1　ドン・キホーテの価値共創システム・モデル

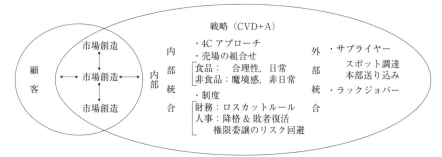

出所：村松［2015］167頁をもとに筆者作成。

ジェクトが大きな損失につながらないうちに損切する機能を有している。目標未達成の社員は降格されるが、チャレンジ精神を失わないよう半期単位の人事異動で敗者復活できる仕組みが設計されている。

　外部統合は2要素からなる。第1はサプライヤーである。本部バイヤーが仕入れた商品を店舗社員が販売する通常のチェーンストアに対し、権限委譲された店舗社員が直接サプライヤーから商品を調達するドン・キホーテでは、商品を投入した意図を顧客に伝えやすい。同時に本部の送り込み商品は、通常のチェーンオペレーションに基づく集中購買で、利幅が大きい商品である。このスポット調達と送り込み商品の統合が、アミューズメントと経営効率を両立させる源泉である。第2はラックジョバーと店舗従業員である。各店を巡回するラックジョバーの存在はばらばらになりがちな各店の売場を統合する機能を持つ。

第4節　おわりに

　本章は、顧客の文脈価値を高める一方で、経営効率を高めローコスト経営を実現できるチェーンストアの新しいマーケティング模索した。そのためにドン・キホーテの価値共創マーケティングにおける2つのメカニズムに着目した。第1は、権限委譲された売場担当者が考え抜くことによって顧客の消費プロセスに寄り添い、その店舗ならではの品揃え、売場の雰囲気、顧客の消費体験を実現しアミューズメントを顧客に提供する価値共創のメカニズムである。顧客の文脈価値を高める4Cアプローチは、伝統的なチェーンストア理論では説明できない。第2は、各店舗における価値共創を実現しながら、高い経営効率を上げる企業システムである。内部と外部の統合からなる企業システムは、顧客と企業との価値共創とローコスト経営を同時に達成させるため有機的に機能している。

　権限委譲により企業と顧客の関係を最大限に緊密化させ価値共創を実現する

とともに，適用できる範囲では伝統的なチェーンストア理論に則った施策をとり，ローコスト経営を同時達成させるドン・キホーテのマーケティングに注目するべきではないだろうか。

2019年1月ドン・キホーテは統合したGMSユニー160店舗に対し，ドン・キホーテ流の権限委譲に基づく価値共創マーケティングを移植しはじめた。優秀なスタッフがユニーに配属され，本丸のドン・キホーテの店舗が手薄になっている状況がみられる。規模を拡大するドン・キホーテは，権限委譲に基づく価値共創マーケティングを継続できるのであろうか。本章では，権限委譲に基づく価値共創マーケティングは，どの企業規模になるまで有効であるか，という点について検討がなされていない。今後の課題としたい。

注
(1) 2019年12月時点のディスカウント業態のみの店舗数。
(2) イオンリテール，イトーヨーカ堂など他の大手総合スーパーの売上高営業利益率は1%前後であるのに対し，ドン・キホーテは同比率4.7%を計上している。
(3) 品揃え・売場レイアウトの標準化は，店舗作業，什器備品の標準化につながり，ローコスト経営に寄与する。
(4) 一般的なチェーンストアでは，経費削減と標準化のため本部が作成したPOPを店舗に送り込む方式を採用している。一方，ドン・キホーテでは，デザイナー，音楽愛好家などさまざまな感性を持つ650人を超える人材がPOP職人として各店に常駐している。
(5) 迷路のように入り組んだ通路，圧縮陳列でところ狭しと並んだ売場から醸し出されるジャングルのような雰囲気の中で，意外性が高い商品や演出同行者との会話が盛り上がり，魔法にかかったようについ商品を手に取ってしまうことを「魔境感」と定義している。

（星田　剛）

第7章　中川政七商店

工芸のSPAにおける価値共創とは何か

第1節　はじめに

　本章において，工芸の製造小売り（SPA）における価値共創マーケティングのケース事例として，株式会社 中川政七商店（以下，中川政七商店）を取り上げる。中川政七商店は，1716年（享保元年）に奈良で創業した手績み手織りの奈良晒を商いの起源とする老舗企業である。現在は，麻織物関連の販売だけではなく，波佐見焼等の陶磁器，割烹着，靴下等の衣料品，食料品を取り扱う総合生活雑貨の店としてお客様に認知されている。

　中川政七商店の現代表取締役会長の中川淳氏（以下，中川氏）は，創業家の跡継ぎであり，13代中川政七を2016年に奈良の春日大社で襲名した。まるで名跡を継ぐ歌舞伎役者のようである。これも中川氏独特の老舗企業としてのブランド戦略の一環なのであろう。

　本研究の目的は，以下の3つである。1つ目は，企業（中川政七商店）とお客様との水平的な関係性を構築するうえで，オムニチャネル化による場（リアル店舗とネット）での価値共創，および，お客様の文脈価値形成プロセスを解明することである。2つ目は，企業（中川政七商店）と工芸産地企業との垂直的な関係性を構築するうえで，中川政七商店が考える経営理念の共有，コンサルティングを通じたブランド戦略が工芸産地企業との価値共創，および，文脈価値形成プロセスにどのような影響を与えるかを解明することである，3つ目は，工芸産地（地域）における企業（中川政七商店），工芸産地企業，地元住民（NPO），および，生活者との複合的な価値共創の在り方，および文脈価値

形成プロセスを解明することである。

　本研究の方法論としては，定性的な事例研究手法を用いている。具体的には，取締役兼コミュニケーション本部　本部長　緒方恵氏（以下，緒方氏），および，取締役　商品本部　本部長　鈴木香代氏（以下，鈴木氏）へのデプスインタビュー（2019年11月27日，12月18日），店舗（表参道店，渋谷店，東京本店）店員へのヒアリング（2019年12月14日，21日），および，中川氏の執筆された書籍，雑誌インタビュー記事の内容を引用し，まとめている。

第2節　中川政七商店の概要，および，先行研究

1　中川政七商店の概要

　中川政七商店は，前節でも述べた通り，1716年（享保元年）に初代中屋喜兵衛が創業した奈良晒の老舗である。創業後300年もの間，時代の環境変化に適合しながら，取り扱う商品も麻を中心に，メーカーでありながら，卸，小売事業も行ってきた。

　家訓は，「何物にも囚われるな。」である。老舗として，麻にまつわる商品がメインではあるが，その麻にすら囚われず，柔軟な発想で「事業を継続することが最も大切である」という思想を代々，中川家の当主は持ち続けている。

　中川氏が2002年に中川政七商店に入社以来，今日に至る約20年弱の間に，売上高は4億円から約63億円，店舗数（中川政七商店，遊中川，日本市）は3店から60店，従業員数は約500名，工芸をベースに全国各地800社を超えるメーカーとものづくりを実施し，現在も売上高は年平均15%の持続的成長を続けている。持続的成長を続けている主な理由としては，奈良の麻織物のメーカーであり，茶道具卸の個人商店から工芸のSPAへと業態転換することができたからである。

　経営理念（ビジョン）は，「日本の工芸を元気にする」である。中川政七商店の企業活動のすべては，この経営理念に集約される。ミッションは，①中川政七商店が日本の産地の一番星として輝く（ブランディング），②産地の一番星を数多く生み出す（経営コンサルティング），③一番星を起点に産地を「さんち」化する（産業革命＋産業観光）である。目標は，100年後に「工芸大国日本」になることである。現在，日本の工芸市場は，ピーク時の5,400億円から1,000億円にまで縮小している。中川氏の見立てでは，3,000億円まで市場規模を回復させないと工芸産地は生き残れないそうである。では，3,000億円規模にまで市場を回復するには何をなすべきか。それは，産地における「産業革命」と「産業観光」を同時に成し遂げることである。

　中川政七商店では，経営理念の「日本の工芸を元気にする」をより具体化するために，社員が仕事をするうえでの心構えとして，「こころば」を規定し，社員は普段から携帯している。「こころば」は，以下の10点で構成される。①正しくあること，②誠実であること，③誇りをもつこと，④品があること，⑤前を向くこと，⑥歩み続けること，⑦自分を信じること，⑧ベストを尽くすこと，⑨謙虚であること，⑩楽しくやることである。さらに，「こころば」を実務に落とすための行動規範，判断基準として「しごとのものさし」を規定している。

　モノづくりにおいても独自の考え方を有している。それは，「物実（ものざね）」という考え方であり，物の核となる「物実」を丁寧に紐解きながら，ゆっくりと紡ぎ直していくような行為を意図している。

　中川政七商店では，「接客」を「接心好感」と呼んでいる。それは，「お客様の心に接し，好感を得る」という意味である。単に笑顔で「いらっしゃいませ」と接客するだけでは不十分で，お客様のニーズや不満を店舗やネットを通じ拾い上げ，お客様との直接的会話（相互作用）を通じ，その根本的な問題を解決することに主眼を置いている。

　ブランドは，総合ブランド，アイテムブランド，ストアブランド，流通ブランドに分かれる。総合ブランドとしては，「暮らしの道具」をコンセプトにし

た「中川政七商店」,「日本の布ぬの」をコンセプトした「遊中川」,「日本の土産もの」をコンセプトにした「日本市」,「以茶論美（茶を以て美を論ず）」をコンセプトにした茶道ブランドの「茶輪」の4つがある。アイテムブランドは30ブランドあり,「品のいい贈り物」をコンセプトとした「粋更」, 奈良の靴下ブランド「2 & 9」, 波佐見焼のマルヒロが展開する「HASAMI」等がある。地方の土産物をコンサルティングし,「仲間見世」というストアブランドで展開している。また, 工芸特化型コンサルティングを実施したマルヒロが展開する「HASAMI」や「包丁工房タダフサ」等の工芸産地企業と一緒になり,「大日本市博覧会」という卸向けの流通ブランド（博覧会）を展開している。

2　中川政七商店に対する先行研究

　伝統的なマーケティング（4Psマーケティング）において, メーカーや卸にとっての直接的な取引相手（相互作用する対象）は, 小売業である。中でも, メーカーは, 刺激─反応モデルや取引パラダイムに基づき, 消費者に対し, 商品を認知・理解させるために, マスメディアを用いた広告やPR等を活用してきた。

　中川氏が家業に戻ってきた2002年ごろ, 中川政七商店は, 麻織物を中心とした生活雑貨や茶道具を取り扱うメーカーであり, 卸であった。当時, 海外メーカーや京都や奈良の同業の競合企業も多く, 商売上の勝ち負けに追われ, 経営が安定しにくい状況にいた。麻織物という分野にも安価な量産品が進出していたのである。麻織物の一商品の市場規模は小さく, 競合も多々いる中で, 4Psマーケティングを実施するよりも, 企業や商品としての独自性を打ち出すためにブランディングに注力すべきだと中川氏は考えた。要は, モノを中心とした基本価値や便宜価値で勝負する4Psマーケティングよりも, 和田[2002]が提唱するブランド価値次元における上位価値である感覚価値や観念価値のようなブランド価値で勝負すべきだと中川氏は考えた。そのブランド価値を消費者に伝えるために, 中川氏は小売業に進出し, 顧客接点である店舗を持ち, 多

店舗展開をはじめたのである。同時に，経営理念やブランドの重要性に基づく経営を社内に浸透させるために，サービス・マーケティングで重要とされるインターナル・マーケティングを重点的に押し進めたのである。「こころば」や「しごとのものさし」を規定したのもインターナル・マーケティングの一環である。

　また，中川氏は，「適正利益は10％と規定し，お客様，自社，工芸産地企業，社会貢献の4方良しになるよう常に心がけている」と述べている。すなわち，企業としての事業面での経済的価値だけをみるのではなく，日本の工芸を元気にするための社会的価値へも目を配っているのである。中川政七商店は，元々，商品の品質の高さや店舗での接客には自信を持っていた。しかし，お客様の買い物行動が，オムニチャネル化する中で，店舗での接客という価値共創だけではなく，お客様特性を踏まえたデジタルの特性を加味し，顧客関係管理（CRM）を実施することで満足度を向上させ，愛着を伴うファン化を促進し，経営理念である「日本の工芸を元気にする」への共感・感動へと価値次元を高度化しようとしているのである。お客様が中川政七商店に抱いた共感，感動は，「顧客価値」にほかならない（**図表7-1**）。

　以上より，中川政七商店がとった戦略は，以下の3つである。①小売業に進出し，店舗を持つことにより，消費者との顧客接点（店舗）で価値共創し，文脈価値（ブランド価値）を形成する，②顧客接点（店舗）における接客を通じた消費者との価値共創により，ブランドの世界観をストーリーとして伝え，関係性を深めようとしている，③メーカーでもあるが，社員に対し，サービス・マーケティングで重要なインターナル・マーケティングを実施し，サービス文化を醸成しようと努めている。

図表 7-1　工芸 SPA における文脈価値形成プロセス概念図

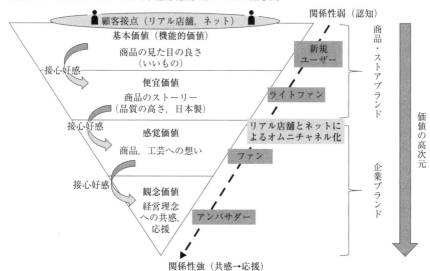

出所：和田［2002］，中川政七商店提供資料［2019］を参照し，筆者一部修正。

第3節　4C アプローチに基づく
中川政七商店の事例分析

　中川政七商店は，経営理念が明確であり，顧客視点を持ち，顧客接点におけ
る価値共創を通じ，消費プロセスにて文脈価値を高めるマーケティングを実施
している価値共創型企業といえる（**図表 7-2**）。よって，価値共創型企業の中
核概念である 4C アプローチに基づき，以下にて中川政七商店を分析する。4C
アプローチとは，「企業は，顧客と相互作用するための顧客接点（contact）を
持ち，次に，顧客接点において，従業員と顧客間でコミュニケーション
（communication）を実施し，さらに，相互に価値共創（co-creation）し，顧
客の消費プロセスにおいて，顧客が文脈価値（value-in-context）を醸成する
ために，企業はマーケティング行為を行い，最終的に顧客が価値を創造する」

図表7-2　工芸 SPA の価値共創型モデル（4C アプローチ）の概念図

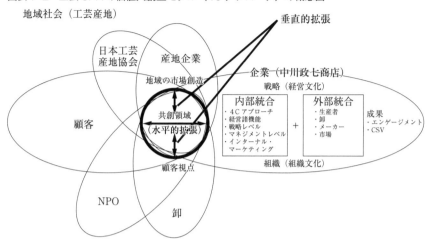

出所：村松［2015b］167頁，村松ほか［2015c］192頁，中見［2016］99頁，中見・圓丸・大崎
　　　［2019］41頁をもとに筆者一部修正。

という分析手法である（村松［2015b］）。

　まず，企業内部における戦略と組織の観点から分析する。戦略（経営文化）
面において，中川政七商店は，お客様との共創領域の拡張（消費概念の水平的
拡張），および，文脈マネジメント構築のために「ブランディング」という概
念を主軸に置いている。商品ブランド上のポジショニングは，「おしゃれで品
がいい」である。そのポジショニングを獲得したうえで，さらに顧客との関係
性を深めるために，オムニチャネルという顧客戦略を用い，価値の上位概念で
ある感覚価値としての商品の歴史，ストーリー，工芸産地への想いを募らせ，
最終的には観念価値である「日本の工芸を元気にする」という企業としての経
営理念への共感，応援へと導こうとしているのである。緒方氏は，「ブラン
ディングを頑張る理由は，ソフト面での経営理念（志），ストーリー，トーン
＆マナー，そして，ハード面でのモノづくり，品揃えのバランスを保つためで
ある。ブランディングには，意味（文脈）が必要なのです。中川政七商店の強
みは，コンテクスト（文脈）デザインの素晴らしさです。ブランディングは，

企業を守る仕組みであり，従業員に権限を移譲するのは，顧客の消費プロセスに入り込むための企業としての攻めの姿勢です。中川政七商店の店舗は，地元にある書店のような居心地の良い空間（コミュニティ）でありたい。要は，コミュニティとローカリティ（地域性）を大切にしたいのです。そのためにも，モノより人であり，店舗によってそれぞれ特徴があるべきで，店長によって店に違いを生み出すべきなのです。リアル店舗やネット等の顧客接点は，お客様と価値を共創し，工芸のプロとして店員が価値を提案する情報発信基地（プラットフォーム）であるべきです」と述べている。

　組織（組織文化）面において，中川政七商店は，理念経営（Purpose）に基づき，インターナル・マーケティングを重視している。中川氏が 2008 年に経営理念である「日本の工芸を元気にする」を発表した際，ほとんどの従業員はその意味をあまり理解できなかったそうである。そのため，中川氏は，上記経営理念を達成することが自社の持続的成長につながるということを理解させるために「政七祭り」というワークショップを年に一回実施している。その目的は，従業員が自社の経営理念を踏まえて，自身の働くモチベーション，仕事の意味づけを社員同士で考え，普段の業務に活かすことであった。中川氏曰く，「2008 年から政七祭りを実施してきたが，社内にようやく経営理念が浸透してきたと思ったが，年々事業規模の拡大に伴い，新入社員や中途入社社員が増え，経営理念の理解度の浸透が薄れていることがわかった。よって，2017 年，2018 年は，政七祭りを休止していたが，2019 年より政七祭りを再度実施することにした。経営理念の浸透は，毎年継続して政七祭りを実施することが不可欠だと痛感した」。また，鈴木氏は，「2015 年以降，ブランドマネジメント制が本格的に稼働する中で，当時社長であった中川氏からブランドマネージャーへの権限移譲は進み，同時に，本社から店舗への権限移譲，店長から店員への権限移譲の文化も根付き出した」と述べている。小売業における権限移譲は，社員のやる気を促し，離職率の低下にもつながる重要な概念なのである。

　次に，上記戦略面，組織面を踏まえたうえで，内部統合の観点から分析する。中川政七商店は，メーカー兼卸から，小売業に参入したことにより，顧客

接点（リアル店舗）を手に入れた。顧客接点であるリアル店舗において，店員とお客様との間に価値共創がなされた。この価値共創は，中川氏が重視するブランド戦略において，消費プロセスにおける文脈価値形成を図るうえで重要な役割を果たす。この点に関し，筆者が東京本店の店員へインタビューした事例を紹介する。「店員は皆，接客を通じ，工芸品を買おうとしているお客様の不安やニーズを聞き出し，その解消に努めている。たとえば，『花ふきん』という看板商品をはじめて買おうとされているお客様は，その商品にあらかじめ糊がついていることを知りません。よって，最初に使用する前に2回ほど手洗いしないと麻本来の吸収力の良さがわかってもらえないことをお客様にきちんと伝えるのです。その際，店員は，お客様の『花ふきん』に対する商品知識（能力）や興味関心度（意志やこだわり）等を見極め，必要に応じて，正しい使用方法を提案します」。

　中川政七商店は，オムニチャネル化を進めるうえで，経営諸機能の再編を行った。スマホの普及に伴い，お客様がオムニチャネルカスタマー化する中，中川政七商店は，オムニチャネル化の波に乗り遅れないために，緒方氏を2016年に東急ハンズから招聘し，CDO（チーフ・デジタル・オフィサー）に任命した。緒方氏の役割は，従業員に対し，デジタルをあたりまえのことと捉える文化を醸成することであった。たとえば，接客においても，リアルとネットをシームレスにつなぎ，顧客視点で，商品の特徴から工芸の魅力，そして，自社の経営理念の浸透まで一気通貫でつなごうとした。それを実現するために，中川政七商店では，組織再編を実施し，①商品部を中心とした「作り手」，②卸・小売・マーケティング・EC・情報システムを統合した「伝え手」，③バックオフィス（管理・物流部門）の3つに区分した。次に，緒方氏が管轄する「伝え手」部署において，心得である「こころば」を皆がすぐにみられるようにするため，冊子やデジタルコンテンツ化を図った。また，日常業務において，デジタルツールの利用を促進させるため，GoogleやAmazonのサービスを活用し，社内クラウド化を押し進めた。さらにデジタルツールに関する簡易マニュアルを作成し，IT教育を幾度となく実施した。緒方氏は，「社内をオム

ニチャネル化する鍵は，『改善７割：革新３割』，ならびに，横断俯瞰の視点が重要である。デジタルは，ツールにすぎない。デジタルマーケティング馬鹿にならず，一方4Psマーケティング馬鹿にもならず，その両方がわかるバランス感覚を持つことが重要である」と述べている。

　作り手の責任者である鈴木氏に対し，作り手と伝え手間のブランドに対する社内での取組み，および，モノづくりを通じた価値共創への想いについてインタビューを実施した。「2008年当時，自身は，粋更のブランドマネージャーをしていました。その際，作り手，伝え手のすべての業務を一人で統括していました。しかし，自身のブランドを含めた３つのブランド群で商品アイテムの重複等もあり，その交通整理は難しかった記憶があります。2016年に緒方が入社し，社内でデジタル化を進める中，2017年から現在の組織体制に至りました。ブランドを考える際，自身が管轄する作り手と緒方が管轄する伝え手が，月次商品部振り返り会議等の場を使い，相互に会話しながら，最終的に，『それがいい』と自信を持ってお客様に提案できる商品，ブランドをつくろうとしています。商品部のデザイナーは，物実を追求します。まず工芸を元気にするには，どうすべきかを考えます。最初に，つくりたい商品の歴史を学び，良き素材，技術，風習をどう残すかを考え，そのためには，当時どのような工夫がなされていたのかを丁寧に紐解きます。次に，今の時代に見合い，使ってもらえる商品にするためにアップデートします。温故知新の精神です。デザイナーは，工芸産地に直接出向き，職人へ自身がつくりたい商品コンセプトを提案します。その後，職人との会話（価値共創）を通じ，一緒にモノづくりをします。お互い対等の関係です。職人もOEMとは違い，『自分の商品を一緒につくりたい』と思います。生産効率ばかり追うのではなく，お客様に長く愛してもらえる商品をつくろうと考えています。中川政七商店のモノづくりには，仕組み（型）と価値共創の概念が宿っているのです」。鈴木氏の話の中には，企業と工芸産地職人とのモノづくりという場における水平的拡張といえる価値共創の姿を垣間見ることができる。

　もう１つ，中川政七商店が，お客様に対し，水平的な共創領域の拡張を行っ

ている事例を紹介する。中川政七商店表参道店では，工芸のワークショップを
行っている。表参道店の店員曰く，「ワークショップには，ご近所の方々や，
遠方から HP をみて，参加される方が多数おられます。ワークショップは，各
回材料費等をいただき，有料で行っています。しかし，多数のお客様が先着順
で申し込まれ，いつも大盛況です。たとえば，本年度においては，岩手の南部
鉄器の鉄瓶メーカーの及源鋳造株式会社の社員をお招きし，鉄瓶を使った美味
しいお茶の淹れ方を学びました。このワークショップを通じて，お客様は，鉄
瓶を買っても日常的にどう使うかが難しいと思われていた方もワークショップ
で学んだ家庭での美味しいお茶の淹れ方を通じ，実際に鉄瓶の購入を検討さ
れ，最終的に購入されたお客様の場合，末長く鉄瓶を愛していただけているは
ずです。ワークショップは，単なる販売の場ではなく，中川政七商店のモノへ
のこだわり，それを使ったコト（サービス）へのこだわり，さらには，お客様
の生活・消費世界に一歩でも寄り添いたいという想いをお客様と共有する場
（コミュニティ）なのです」。

　中川氏が工芸を復興させるために必要と考えている「産業観光」と「産業革
命」を中心に外部統合の観点（消費概念の垂直的拡張）から分析する。まず，
「産業観光」について，中川政七商店では，「さんち～工芸と探訪～」というメ
ディアサイトを立ち上げ，工芸産地にまつわるメーカー主体の情報発信を行っ
ている。その中で，工芸を支える職人たちのモノづくりに対するインタビュー
記事や，工芸産地周辺の観光スポット，職人希望の人材募集情報等を包括的に
掲載している。顧客と工芸産地を結ぶ情報プラットフォームを小売であり，卸
でもある中川政七商店が工芸産地企業の代わりに整備することが，産業観光に
つながり，経営理念の実現につながる。本サイトによると，「『さんち』とは，
外からやってくる人にも開かれた，新しい工芸産地の形を意図している。作り
手に限らず，ものの使い手，伝え手が集い，交流し（三智），ものが生まれる
ところに買う・食べる・泊まるところが寄り添い（三地），『○○さんち』にお
邪魔して感じるような，その土地にしかない個性を感じられる場所」を指して
いる。まさに，価値共創を実現するうえでのオムニチャネル化に伴う「三方良

しの発想」でつくられたデジタルコンテンツであり，顧客自身の興味を踏まえ，サイト自体も各々カスタマイズすることができる。また，中川政七商店では，「さんち〜工芸と探訪〜」以外でも，土産物を現代風にアップデートし，太宰府や函館などの観光地で店舗展開している「仲間見世」という事業や，中川政七商店がコンサルティングした企業（Ex. マルヒロ，包丁工房タダフサ等）や自社で流通チャネルを持たない工芸産地企業が出展可能な「大日本市」という卸事業を展開している。これらさまざまなリアルの顧客接点を通じ，顧客，卸，工芸産地企業，工芸産地の NPO 団体，日本工芸産地協会等との複合的な価値共創を実現し，文脈価値を形成しようとしている。中川政七商店が行っている価値共創マーケティングは，工芸産地という生態系を再構築するうえでのサステナブル・マーケティングそのものである。

　工芸産地にとっての「産業革命」とは，マルヒロのような地域一番星の窯元の前後工程を支える会社の廃業を防ぐことである。その方法としては，工芸産地の商品の前後工程を支える企業の合併を推進することである。それは，地域一番星企業であるマルヒロのような企業による工芸産地の工程間のサプライチェーン・マネジメント（SCM）の統合を意図する。また，資本統合の合併だけでおわるのではなく，マルヒロと同様に，中川政七商店によるコンサルティングや PR 面でのサポートも欠かせない。中川氏曰く，「中川政七商店では，単に工芸産地企業のブランディングをサポートするだけではなく，一緒になって SCM を構築し，経営陣に対し，財務面での知識もサポートし，最後に，ブランディングの仕方をサポートする。コンサルティング先企業においては，コンサルティング完了後も中川政七商店と財務諸表を共有化し，さらなる持続的成長を目指す。その際，最も重視する点は，仕組み構築とブランドポジショニングの明確化である。いくら店頭に並ぶ商品が素晴らしく，接客する人材が優れていても，店舗を支える受発注システム，商品供給システム，物流等の SCM が弱かったら，企業としては，持続的成長は難しい」。上記中川氏の発言は，価値共創マーケティングにおける中心的概念である「共同」の価値創造を意図している。中川政七商店，マルヒロのような地域一番星企業，そし

て，マルヒロの陶磁器を製作するうえでの前後工程を支える企業が互いに支援・被支援の関係に至っている。モノをつくるために SCM を統合するのではなく，素晴らしい工芸産地の人，モノ，技術，文化を残し，さらに工芸産地を活性化させるために価値共創を行っているのである。

　中川政七商店は，地域活性化という社会的課題を工芸産地，生活者，工芸産地企業と一緒になり，「地域」という場を通じて，価値共創し，問題解決を図ろうとしている。その事例が，2019 年 7 月に三重県三重郡菰野町で開催された「こもガク×大日本市菰野博覧会」である。300 年の歴史を誇る「萬古焼」や開湯 1300 年を迎える「湯の山温泉」，名山「御在所岳」で有名な菰野町の NPO 団体，萬古焼の生産者の山口陶器等が地域活性化イベントとして菰野町の良さを知ってもらうために主催する「こもガク」と中川政七商店が主催する「大日本市博覧会」がコラボレーションし，「菰野町」という地域を価値共創の場とし，社会的課題の解決を図ることを試みている。まさに，サステナブルな取組みであり，CSV 型の価値共創といえる。

第4節　おわりに

　中川政七商店は，明確な経営理念（日本の工芸を元気にする）に基づき，「ブランディング」という手法を活かしながら，顧客との価値共創，工芸産地企業との価値共創，工芸産地との価値共創に複合的に取り組み，各々のアクターと一緒になって文脈価値を形成しようしている。その結果が，業績にも反映され，中川政七商店のファン，アンバサダーを生み出している。店舗にいくと思わず買いたくなる室内空間，接心好感を体現した優れた店員，そして，店内に置かれたデジタルデバイスで思う存分工芸の世界を探索できる。お客様の年齢層も 20 代の若者から 70 代近くのシニア世代の方々まで幅広い。4Ps マーケティングでは得ることができない顧客層の幅の広さを価値共創マーケティングを通じて，獲得している。

工芸の SPA における価値共創，文脈価値形成とは何か。緒方氏の以下の言葉にヒントがあるように思える。「日本の工芸の文化・風習が残っているのも悪くないなと思ってくれる人を中川政七商店として，パートナーである工芸産地企業，そして工芸産地と一緒になって育てていきたい。工芸に対する共感，応援を少しずつ増やしていきたい」。

　本ケースでは，価値共創における顧客接点のつくり方にも独自性があった。顧客との価値共創の場としてのリアル店舗やネットを持つことはどの小売企業でも実施している。いわゆる，マルチチャネル化である。しかし，中川政七商店が元々メーカー兼卸であったがゆえに，地元の土産物をコンサルティングし，ストアブランド化した「仲間見世」や，工芸産地企業の流通チャネルの脆弱さをサポートするための流通プラットフォームとしての「大日本市博覧会」をつくったことは，価値共創を通じた顧客価値創造を行う上での中川氏の多大なる功績といっても過言ではない。

　今後の課題としては，工芸産地の衰退スピードが想定以上に早いため，工芸産地の一番星企業の数をさらに増やし，前後工程の廃業を防ぐため，工芸産地企業間での SCM を統合し，工芸産地の活性化を図ることが重要である。そのためには，「こもガク×大日本市博覧会」のような取組みを全国に広げ，工芸産地の自立とコミュニティ活性化を図ることである。そのためには，中川政七商店，地域一番星のマルヒロのような工芸産地企業が中心となって，「日本の工芸を元気にする」を強力に推進すべきである。経営理念の達成にはまだ道半ばではあるが，大きな社会的課題である工芸の地域活性化に取り組むサステナブルな企業として中川政七商店の動きに今後とも注目していきたい。

（中見　真也）

第8章 有限会社中勢以・「京中」

精肉専門店における価値共創とは何か

第1節 はじめに

1 背景・目的

　価値共創においては，行為者を位置づけ，マーケティングへの適用が試みられている。特に，「ジョイント領域」は顧客との接点とされ，接客等を通じて購入後の価値創造に影響を与える重要な役割を担う。また，「顧客領域」は顧客が店頭で享受したサービスを自宅で適用するといった，価値創造の場となる。

　本章では，こうした両領域に注目して事例研究を行うことで，双方の関係性を踏まえた価値共創プロセスの特徴を明らかにする。そのため，実際の店頭（ジョイント領域）における企業と顧客間の価値共創の実態や，店舗利用後の自宅（顧客領域）での価値創造の実態にアプローチする。

2 研究方法

　価値共創プロセスの実態を把握するにあたり，顧客接点を持ち，顧客とのコミュニケーションを図ることを重視する小売業を取り上げる。本章では，そうした点を重視した店舗づくりや接客を行っている有限会社中勢以が展開する精肉専門店「京中」（京都府）を対象に，事例研究を行う。

分析視点として，村松［2015a］により提唱された4Cアプローチを採用する。具体的には，ジョイント領域の実態把握としては，京中の従業員に普段通りの接客を依頼した。そして，コミュニケーションや接客の実態について，会話分析と行動観察法を用いて分析した。また，接客後には従業員と顧客の双方にインタビューを行い，店頭での会話や行動の背景・理由を確認した。

　一方，顧客領域に関しては，消費実態や文脈価値の把握を通じて顧客の価値創造の実態についてアプローチした。したがって，実際に京中でサービス提供を受けた顧客に，購入商品の消費実態や店舗に対する印象を聴取することが必要となる。そこで本章では，普段から精肉専門店を日常的に利用している調査モニターに顧客として京中で商品を購入して（接客を受けて）もらい，事後アンケート調査からその実態を分析した[(1)]。

第2節　事例研究

1　事例の概要

　精肉店の「京中」とともに，京都市内に惣菜店「合（あい）」とレストラン「月（にくづき）」を展開する中勢以の創業は1981年である。

　同社が創業時から力を入れているのが熟成肉である。当時から肉に携わる人々の間では，「牛肉は寝かせると美味しい」ということは知られていた。しかし，確固たるノウハウは存在せず，手間がかかり，熟成用のスペース（熟成庫）も必要となるため，商売の効率化の観点でいうと決して好ましいものではないことから，世間では知られてこなかった。

　熟成肉に関する厳格な定義が存在せず，熟成期間は食肉業者などによって異なるが，中勢以では「タンパク質からアミノ酸への変化や，旨味，脂肪酸や糖，ミネラルなどいちばんバランスよく増加する時期」[(2)]との判断で8週間を

目安としている。そして，「肥育農家は，肉質を高めるためにエサ等のさまざまな工夫をする。さらに，牛舎の風通しや清掃など，生活環境も肉質を左右する。それらの結果として生み出された"美味しさ"をしっかりと引き出し，食べる人（顧客）へ届ける方法が熟成肉であり，熟成という手法を通して，牛と肉，育てる人，食べる人の幸せな関係をつくりだすことが，中勢以の仕事である」[3] としている。

　同社は，2015年に本店のリニューアルを行い，画期的デザインの店舗をスタートさせた。ショーケースでの商品陳列を一切廃したユニークな店舗である。店頭では，牛肉や豚肉の多様な部位ごとの特徴や切り方（カット）による味の違いなどを説明しながら販売を行う。さらには，顧客一人ひとりの好みや用途といった要望が異なることに加え，肉の品質や特徴が牛一頭一頭で特有のものであることから，コミュニケーションを通じて顧客の好みや用途を洞察し，最適なものを選び・提供したいと考え，こうした店舗デザインに行き着いた。

　なお，こうした店舗（接客）形態を可能とする背景には，京中が生産農家とも連携し，一頭丸ごとの牛肉，豚肉を仕入れ，多様な部位が販売可能であることも特徴となっている。つまり，中勢以（京中）のナレッジやスキルを活用しながら，積極的に顧客の要望をヒアリングする姿勢からは，顧客との価値共創に参加しようとする強い意志と能力を感じ取ることができる。

2　先行研究の整理

　小売業を対象とした従来のマーケティング研究は，小売ミックス（Lazer and Kelly［1961］），マネジリアル・マーケティングや戦略的マーケティング等に代表されるように，店舗管理が議論の中心であった。つまり，「ジョイント領域」を対象とし，販売時点や小売業態のイメージ，価格や品揃えの最適化といった視点から分析が行われてきた（たとえば，Knee and Walters［1985］；三浦信［1980］；三浦一［1995］；清水［1998］等）。しかし，そこで

提供される価値や顧客の捉え方は，価値共創の考え方とは大きく異なる。なぜ
ならば，チェーンストア理論に代表される，多店舗を管理運営することで大量
流通，大量販売を目指すマーケティングが行われ，セルフサービスや低価格な
どを武器に小売業は急成長を遂げてきたことからもわかるように，"グッズ
（商品）"販売を中心としたマーケティングが行われてきたためである。つま
り，企業はあらかじめ決めた価値を効率的に安定的に供給することを目指して
きた。さらには，顧客の位置づけとしては，"価値の享受者"という企業の管
理対象に留まっていることも注意が必要となる。つまり，従来の購買時の交換
価値に注目して小売業のマーケティング研究は行われてきたため，その議論は
「ジョイント領域」に留まっていた。したがって，文脈価値が創造される，購
入後の使用プロセスに該当する「顧客領域」に注目した議論は行われてこな
かった。そうした意味から，従来の小売業のマーケティング研究における4Ps
の分析視点に対し，前述した4Cの視点からの新たな分析が求められている。

　一方，食品小売業を対象として価値共創プロセスを捉えた研究として，顧客
側の視点からその特徴が整理されている。中でも精肉購入では，百貨店や精肉
店は人を介したサービス提供業態として顧客から認識され，スーパーに代表さ
れる食材や価格訴求に注力した"グッズ（商品）"提供業態とは異なるものと
捉えられている。そして，購入時だけでなく，いわゆる購入後の調理や喫食，
消費全体での満足度が他業態に比べて相対的に高くなることが指摘されてい
る[4]。さらに，精肉専門店では，店頭で顧客領域に関するサービス提供が行わ
れ，顧客は店頭で享受したサービスを自宅で適用することで，価値が創造され
る。店頭での，調理時の不明点や調理後の味わいといった購入後に関する会話
やサービス提供がなされ，それが起点となり，自宅での調理の満足や達成感，
さらには，でき上がった料理を家族等が喜んで食べてくれるうれしさや，豊か
な食卓が実現されていることが報告されている[5]。しかし，これらの顧客によ
る評価や価値がどのような企業側のコミュニケーションを経て形成されている
のか，その実態は明らかになってはいない。したがって，ジョイント領域の代
表となる店頭で，企業側から顧客へのサービスがどのように供給され[6]，顧客

領域では顧客がサービス適用をどのように行っているのか，その価値共創プロセスの実態を，4C の視点から事例研究で明らかにすることが求められる。

第3節　京中における価値共創マーケティング

1　ジョイント領域

　図8-1 は，ジョイント領域である京中の店頭において行われた会話や行動をもとに，4C アプローチの視点からその特徴をまとめたものである。

図表 8-1　ジョイント領域―Contact と Communication―

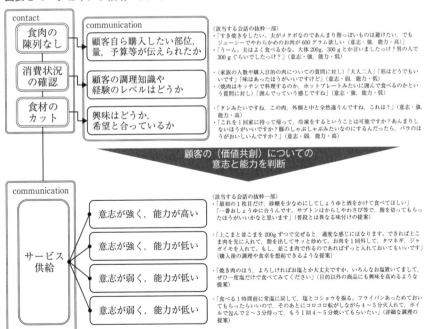

出所：筆者作成。

（1） 顧客接点（Contact）を生み出す店舗

　「牛や豚の個体，部位，熟成具合，そして，カットの方法により，それぞれ味が異なる。また，顧客の好み，調理方法，そして召し上がるシチュエーション等により，求められる肉も異なる。このような，多様な肉とお客様を引き合わることが，京中がお客様に『お肉は美味しい』と感じていただくために最も大切な仕事である」[7]という考えから，一人ひとり，その時々に合った肉を用意できるよう，お客様との対話を最も大切にした店舗デザイン[8]となっている。結果として，対話にとって物理的，精神的な障壁ともなるショーケースを排除し，お客様との間には，カット作業等を行うための腰の高さ程度のカウンターのみが存在するだけである（図表 8-2）。

　このため，顧客自らが購入したい部位，量，予算等を伝えることが必要となる。しかし中には，自身が購入したい食材の詳細が明確ではなく，詳細を伝えることができない顧客もいる。そのような顧客に対し店頭では，「ご自宅用で？」「家族で？」「調理はキッチン？　ホットプレート？」「他の食材の量は？」等，購入後の食卓に関する質問をひとつひとつ投げかけ，提案する食材を決めるための情報を引き出す行動がとられる。こうしたコミュニケーションを経ることで，京中は顧客の返答内容から調理知識や経験のレベルを把握し，能力を見極めている。さらに，コミュニケーションへの関わり方も踏まえ，顧

図表 8-2　京中の店頭

出所：筆者撮影。

客の価値共創に参加する意志を総合的に判断している。

　京中では，接客の途中で見せるスライスした肉や塊，カット作業も広い意味で，コミュニケーションとして位置づけている。たとえば，「普段からお肉の塊は見慣れていますか？　これは外モモの部位になります」など，実際に塊肉を見せながら，顧客の反応をうかがうような会話も展開されている。また，京中は，作業台に置かれた塊肉を見せながら部位の特徴を説明することで，納得しているのか，興味を示しているのか，イメージと異なるのかなどを表情から読み取り，顧客の要望と認識が一致しているのかを確認している。

　そした食材に対する反応や興味の違いに加え，自ら話題提供をして会話を続けるのか，疑問に感じたことを確認するように発言がなされるのか，などの違いを確認することで，顧客の意志（価値共創への参加度）を見極めている。

(2)　顧客の意志と能力を踏まえたサービス供給（Communication）

　一連のコミュニケーションから読み取った情報をもとに，顧客の能力と意志の違いに応じたサービス供給が行われる。具体的には以下の通りとなる。

　「意志が強く，能力が高い」顧客には，自宅で食べたときの食感に関する情報や，顧客が希望する味わいを実現するための注意点，そして，普段とは異なる調理方法に関する提案が行われる。それに対し，「意志が強く，能力が低い」顧客には，購入後の使用・消費（食卓）を確認しながら提案が行われる。たとえば，メニュー名を挙げて予算の目安を伝え，自宅でどのような食べ方を楽しみたいのかを探索する行動がとられる。一緒に食べる人や場所，調理環境等を確認したうえで，「それだったら，こうしていただいたら良いですよ」といくつかのパターンを提示し，顧客の要望がより明確になるような提案が行われる。

　一方，「意志が弱く，能力が高い」顧客には，自宅で食べた際の味わいの特徴や，購入目的以外の商品紹介等を行うことで，食材や店舗に対する興味や関心を高めようとする。同じ肉でも希望した部位以外も取り扱っていること，食材に合う調味料を取り扱っていることなど，目的外の商品にも興味がわくよう

な様子も確認された。そして,「意志が弱く,能力が低い」顧客では,スライスした肉やカット作業を見せながら,その際に特徴や価格帯を紹介し,そのときの反応（うなづく,興味を持つ,表情等）をうかがいながら顧客ニーズを引き出す提案が行われる。焼き方のアドバイスや味付けの提案だけではなく,部位の名称を書いたメモを一緒に渡すことで,顧客の興味や関心を探りながら,好みや希望を模索し続ける接客がなされる。

図表 8-3　顧客領域―Co-creation と Value-in-context―

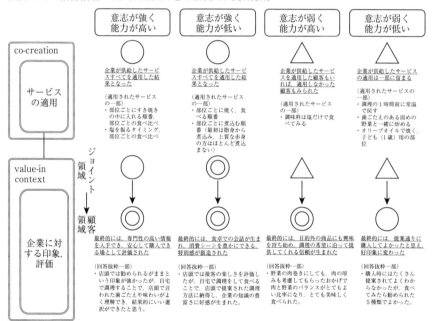

（注）サービスの適用においては,総じて適用された場合を○,一部適用された場合を△として表現している。また,企業に対する印象,評価においては,アンケートの回答をもとに,「とても来店したい」◎,「まあ来店したい」○,「どちらともいえない」△としている。
出所：筆者作成。

2　顧客領域

　図表8-3は，自宅での調理や喫食を通じて顧客による価値共創の特徴をまとめたものである。

(1)　顧客によるサービスの適用（Co-creation）

　顧客による自宅でのサービス適用はどうであろうか。「意志が強く，能力が高い」と判断された顧客では，店頭で提案された調理や喫食が行われている。たとえば，赤身の肉でも柔らかさを残して調理したいことを伝えた顧客には，「赤身なので火をいれすぎると固くなるので，サッと火を通してほしい」と店頭で伝えている。このようなアドバイスを受けた顧客は，「あまり煮すぎないように後からサッと取り出すように火を入れた」としており，京中から供給されたサービスが適用された様子が明らかになった。そして，「意志が強く，能力が低い」顧客では，前述の「意志が強く，能力が高い」顧客同様，京中の提案を踏まえた調理や喫食を行っている。なかには，「いつもは適当に味付けをするが，今回はアドバイスで教えていただいた味付けにした」顧客もおり，自身の能力を補うために自ら知識を習得しながら，サービスの適用がなされるケースも見受けられた。

　一方，「意志が弱く，能力が高い」と判断された顧客においては，店頭で供給されたサービスの適用を行わない顧客もみられた。アンケートによると，自身の判断により満足のいく購入ができたと評価がなされており，京中の提案よりも，普段の調理や味付けなどを優先させる傾向にあることがうかがえた。そして，「意志が弱く，能力が低い」顧客では，サービス適用は一部に留まる。たとえば，店頭にて，アルミホイルを使った焼き方や下味の提案があった顧客では，「調理の1時間前に常温に戻してから調理を行った」と，実際の調理は提案の一部に留まる結果となっている。「意志が弱く，能力が高い」とされたタイプと同様，店頭で提案された調理や喫食が行われることは確認できなかっ

た。

　以上，自宅においては，店頭で供給されたサービスを顧客自身で適用する行動が取られる。しかし，自宅でのサービス適用行動は，価値共創に参加する意志が強い顧客ほど，その適用がなされる傾向がうかがえる。

（2）　店舗に対する印象・評価から読み解く，文脈価値（Value-in-context）

　「接客終了後」と「自宅での調理・喫食後」における京中の印象や評価を聴取することで，顧客の文脈価値にアプローチした。

　「意志が強く，能力が高い」顧客では，接客終了時だけでなく，調理後においても京中に対する評価は高い。なかには，接客終了後に比べて，自宅での調理・喫食行動を経ることで評価が高くなったことも確認された。「店内ではこちらの希望だけを伝え，勧められるがままという感がやや強かったが，自宅での調理により，店舗スタッフがいっていたことがよく理解できたし，良い選択肢を示してもらった」と評価されている。また，「料理の仕方やメニューに幅が生まれそう」と，自身の調理スキルをより高められるとして，店舗に期待を寄せる顧客も見受けられた。店頭で受けたサービスを自宅で適用することで，店内で提案された内容に納得し，専門性の高い情報を入手でき，安心して購入できる場として評価している。

　また，「意志が強く，能力が低い」タイプでは，いずれの評価も高い。しかし，評価の内容には違いがみられた。「接客時には，会話を通じて購入した楽しさが感じられたが，自宅で肉を焼きはじめると，店頭で教えてもらった順番で食べたので，実際に焼肉専門店で店員に部位を教えてもらいながら食べているような感覚を持つことができた」「この店のお肉を使って違うメニューにも挑戦してみたいし，味わいをもっと楽しみたい。主人も連れて行って一緒に店員さんの話を聞いて，それを食卓で食べているときの会話のネタにできたらよい」などの回答がなされており，企業側のサービス供給によって，食卓での会話が生まれ，自宅での消費シーンが豊かになり，企業に対する特別感が創造された顧客も見受けられた。

　一方,「意志が低く,能力が高い」顧客では,接客終了後に比べて自宅での調理・喫食後における評価が高くなっていることが特徴的である。「美味しいということがよくわかったので,みんなが集まるときや贈答にも喜んでもらえる」と,購入目的以外の食材の紹介や贈答用等の紹介があった顧客では,実際に購入した食材に満足しただけではなく,それ以外の商品にも興味を持ちはじめた様子がうかがえる。また,「野菜の肉巻きにしても,肉の厚みもしっかり考慮してくださったおかげで,肉と野菜のバランスが良くなり,とても美味しくいただきました。こちらから『こういうメニューをつくりたい』というと,それに合ったお肉を提供してくださると思う」という顧客のように,調理を通じて店頭で供給されたサービスが適切であったことを実感し,京中に対する信頼の気持ちが生まれた様子である。

　そして,「意志が弱く,能力が低い」顧客では,調理や喫食を経ることで評価が高まった。店頭では自ら食材の希望を伝えることにハードルが高いと感じ,京中の質問にうまく答えられなかったことで不満を感じた顧客でも,食べ比べで味わいを楽しめたことや,提案されるままに購入した部位が満足のいく味わいであったことも,自宅での調理や喫食を通じて感じられたことがわかった。店頭での接客に比べて,最終的には京中に対する印象・評価が向上する様子がうかがえる。

第4節　考察

　京中の事例研究から明らかになった,価値共創プロセスの特徴をモデルとしてまとめると**図表8-4**となる。ジョイント領域としての店頭においては,コミュニケーションとして,顧客一人ひとりの特徴に応じて購入後の"グッズ（商品）"の消費を支援するサービス供給が行われる。そのため,顧客の価値共創に参加する意志と能力の違いを会話や行動を通じて読み取ることが企業側には求められる。顧客の発話や反応をうかがうための顧客接点や,顧客の商品使

図表 8-4　価値共創プロセス（モデル）

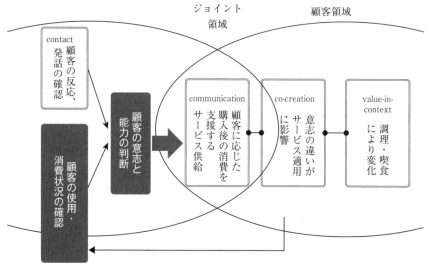

出所：筆者作成。

用・消費状況に関する情報の確認を行う。つまり，店頭における価値共創で
は，企業側においては，顧客にアプローチする強い意志と実現するための高い
能力が求められる。その一方で，顧客側の（価値共創についての）意志と能力
の問題も重要となってくる。顧客の価値共創への参加の意志が高いほど，会話
や商品に対する反応等が積極的になされる特徴がみられる。そして能力が高い
顧客ほど，過去の経験や知識をもとにした会話がなされる傾向が見受けられ，
能力が低い顧客に比べて，顧客自ら購入目的に関する情報が企業側に伝えられ
ることになる。

　さらには，顧客領域における自宅での消費においては，顧客の意志の違いが
店頭で供給されたサービスの適用に影響を及ぼす。意志が強いタイプでは，店
頭で受けたサービスを自宅適用するのに対し，意志が弱いタイプでは，意志が
強いタイプに比べてそうした様子は見受けられない。そして，自宅での調理や
喫食といった消費を通じることにより，店舗に対する印象に変化が生じる。つ
まりこのことは，価値共創はジョイント領域のみならず顧客領域でも創造され

116

続け，特に，調理という使用プロセスを経ることで評価・価値が変化していくと言える。

第5節　おわりに

　本章では，「ジョイント領域」と「顧客領域」，双方の関係性を踏まえた価値共創プロセスの特徴を，京中を事例として明らかにした。具体的には，「ジョイント領域」の代表となる店頭で，企業側から顧客へのサービスがどのように供給され，「顧客領域」において顧客がサービス適用をどのように行っているのか，その価値共創プロセスの実態を，4Cアプローチの視点から事例的ではあるが明らかにした。

　なお，本研究では初回利用者を顧客として，店頭での接客を起点とした価値共創マーケティングの実態を明らかにした。しかし，実際の小売店利用者には，再来店利用者や来店中止者など，さまざまな性格の顧客が存在する。したがって，今後はより長期的な視点で価値共創マーケティングの実態や文脈価値の変化を捉える必要があり，残された課題でもある。

注
(1)　本章の事例調査は2016年3月に京中店頭で行われたものである。
(2)　有限会社中勢以・加藤謙一氏へのヒアリング調査より。なお，"京中式熟成法（4つの過程）"として，①飼育査定，②枝肉評価，③自然滞留式冷却熟成，④熟成度の見極め，が同社によって整理されている。
(3)　同社・加藤謙一氏へのヒアリング調査より。
(4)　詳細は，滝口ほか［2018］を参照のこと。
(5)　滝口ほか［2019］は，精肉専門店利用による顧客の文脈価値は，個人の状況や環境の中で，生活の質を高めるような質的価値につながる評価がなされる特徴を持つことを指摘している。
(6)　ジョイント領域の価値共創では，企業側はもちろん，顧客の共創に参加する意志と能力も重要となる。村松［2015a］は，こうした意志と能力の組合せについて，それぞれの違い（高低）で4つのパターンを整理している。しかし，企業が顧客の意識と能力をどのように判断しているのか，そして，パターン別で価値共創プロセスにどのような違い・特

徴があるのかは明らかにされていない。本事例ではジョイント領域でそれらについての企業側による判断や特徴について整理する。

(7) 同社・加藤謙一氏へのヒアリング調査より。

(8) 同社・加藤謙一氏によれば，"店づくり"ではなく，"店舗デザイン"と表現するのは，「店（店舗）は，デザインだけではなく，仕事をする店員，お買い物をされるお客様，そして，流れる時間，すべてによってつくられていくもの」という考えによるものである。

（滝口沙也加・清野　誠喜）

「アプリ」がもたらす生活世界での文脈形成を
手がかりとした価値共創への考察

第1節　はじめに─デジタル・トランスフォーメーションでのビジネス空間─

　本章の目的は，スターバックスのアプリ，特に「MOBILE ORDER & PAY
（モバイル・オーダー＆ペイ）」導入事例から新しいデジタル空間と融合し，顧
客の生活世界に入り込むサービス・プロセスを理解し，そこでの「価値共創」
の可能性を明らかにすることにある。AI/IoT などの先端技術を介したデジタ
ル・トランスフォーメーション（以下，DX）により，サイバー領域とフィジ
カル領域を結び付けた新しいビジネス空間が生み出され，Online/Offline 融合
的なサービスとして顧客の生活世界へダイレクトにつながる展開が急速に広
がっている。今後，第5世代の移動通信システム（5G）の導入によって通信
はあらゆるモノ・コトに溶け込み，モビリティ，金融決済，製造業，医療シス
テム，エネルギー事業などでデジタル社会として生活世界が劇的に変化し，ス
マートサービス（センサリング機能から個々人の生体データを収集し，ユー
ザーに情報提供する）など新しい視点も生まれてきており，そこでは顧客との
相互作用としての「価値共創」が重要なテーマとなってくると思われる。本事
例ではスターバックスのアプリを介した顧客との消費体験を検討し，より顧客
との深い結び付きをもたらす「価値共創」への展開を検討していく。

第2節　スターバックスの事業展開

1　企業概要―顧客側の生活世界へのシークエンスの拡張―

　アメリカ合衆国シアトルで開業したスターバックスは，イタリア旅行での
コーヒー1杯で人々がつながる体験に魅了されたハワード・シュルツ（会長兼
CEO）が1987年に同社を買取り，エスプレッソを主体とした本格的コーヒー
やドリンク類を中心とした店舗の展開から世界規模のチェーンに成長した。企
業ロゴは船乗りとの縁が深いセイレーン（ギリシャ神話の海の怪物）が用いら
れ，熟練されたバリスタによる焙煎コーヒーの味わいとともに，常に新しい提
案を加えたフラペチーノなどを提供し，快適なソファや落ち着いた照明などの
インテリア，オープンテラス，店内全面禁煙，フレンドリーな接客など店舗空
間でも独自の特徴がある。その店舗では"3rd Place"（家庭でもなくオフィ
ス・学校・職場でもない第3の空間）コンセプトのもと，その日一日での自分
が報われるくつろぎ（Rewarding）の体験をブランド価値として掲げている。
　スターバックスを世界的に成長させたシュルツは2000年に引退するものの，
その後の業績は落ち込み，2008年にCEOに復帰した。その後，金融危機を乗
りこえ，環境保護，健康志向倫理的な意識を高めながら，「スターバックス体
験」と呼ばれる顧客との結び付きを強くしていった。さらにはデジタル面でも
Wi-Fiを無料として，スターバックス・デジタルネットワークを開始し，オン
ラインメディアでもさまざまな顧客とのつながりを生み出している。日本にも
1996年，提携したサザビー（SAZABY）によってほぼそのままの特徴が導入
された。個性的に洗練された店内，おしゃれな感覚のメニュー品目，オープン
テラスの併設，店内の全面禁煙から，特に女性層を中心に好評を呼び，カフェ
ブームを巻き起こし，2018年では日本での売上げは1,827億，営業利益では，

155億（第24期決算報告書）をあげている。

2　スターバックスでの蹉跌―企業視点でのアプローチでの失墜―

　まず，価値共創の重要性を確認するうえで，シュルツに復帰を決意させた業績不振での重大な示唆に着目しておきたい。シュルツが一旦引退すると，バリスタの抽出する味わいあるコーヒーに代わって業務効率からエスプレッソマシーンによる自動化が進み，店頭では単価が高く売上貢献するサンドウィッチが優先された。サンドウィッチを温めたときのチーズの匂いがコーヒーの香りを消し，顧客と深くつながる「スターバックス体験」を消していった。元々強い顧客志向を持つスターバックスはサービスが基盤であるにもかかわらず，モノの販売を起点とする4P的なアプローチへと後退し，成長を目指すあまり企業利益に結び付くように製品・流通・価格・プロモーションを強く方向付け，スターバックス側がモノの交換として提供価値をあらかじめ決め込んだため，顧客と一緒に創り上げる独自の顧客体験は，後退していく。確かにコーヒーなど商品自体の品質は重要であるが価値の源泉は，「その日で報われるひととき」という体験（エクスペリエンス）をもたらすサービス資源に由来するのであり，顧客との相互作用に織り込むことではじめてそれは事業価値をもたらすといえる。シュルツは2008年に復帰すると全米7,100店舗を一斉に閉め，本格的にコーヒーが抽出できるバリスタを再教育し，顧客と一緒に創り上げるサービス体験から再生していったのである。

3　スターバックス体験を高めるアプリ機能

　今日，このサービス体験をさらに高めているのはシュルツが"4th Place"と呼んだデジタル空間への広がりであり，特にアプリを介して顧客との相互作用を生み出していく展開と思われる。スターバックスでのアプリは，日本では，2016年からスピーディな決済や店舗検索，商品情報の閲覧などの目的か

ら導入された。それは，現在，コーヒー・パスポート，Pay システム，eGift などのサービスが複合的に提供されている。

　では，ユーザー顧客は，実際にアプリを介してどのような消費体験をしているのだろうか。ここではエクストリーム・ユーザー（関心が高く利用頻度の高い顧客）での利用行動をみてみよう。

　〜スタバの新製品は発売 2 週間ほど前から，ネット内の各メディアで目にすることが多くなる。ニュースやブログ，他ユーザーの投稿など。特に専用の SNS グループなどはその話題が頻繁に出てくるが，その時点では「BGM」のようなもので，よほど興味のあるもの以外は記憶に残っていない。

　店頭で POP を見かけたときも，スタバの LINE からメッセージが来たときも「そんなものか」というだけでわざわざそれを飲みに出かけようとは思わない。（まだ発売していないからではあるが）たぶんまだこの段階では「自分のもの」という感覚になっていないからだと思う。「自分のもの」になるのは友人からメッセージが来たり，SNS に書き込まれたりした瞬間。「これ知っている？」「もう飲んだ？」はキラーメッセージで，ここまでの BGM が全部意味を持ってくる。発売を待ちかねたようにして店頭にいくが，その時点でのプロモーションはわずらわしい。時にお店の人に「もう飲みました？」と声をかけられると，飲みに行ったはずの注文を変えてしまうこともある。支払いは当然スターバックスカードのスマホアプリ。カード単体だと忘れたりなくしたりするのですべてこれ。オートチャージ設定しているので，そもそも支払いをしている感覚がない。唯一困るのは店内の Wi-Fi を拾うのでいちいち Wi-Fi をオフにする必要があること。Apple Pay に対応していればさらに楽なのにと思う。カードは複数枚あって「個人消費」「会社経費」とわけている。店内はとにかく並ぶ。席がない。混雑しているので，とてもゆっくりできるような環境ではないのに，席を見つけて座ってしまうと不思議に落ち着く。ANC 付きのヘッドホンで音を遮断してしまえ

ば，かなりくつろげる。飲んだ結果はいまいち。とにかく甘すぎるのと甘み
とフレーバーの薄っぺらさが舌に残る。元々甘いものが苦手ということにそ
こで気づく（笑），カスタマイズしていけば良いのだが，フラペチーノのカ
スタマイズは，大の大人には中々ハードルが高い。ところが自分が「美味し
くない」と思ったものほどそのあと Instagram などで他人の投稿をたくさ
んみることになり情報拡散量は多いと感じる。自分ではとても理解できない
と思いつつも，今日もスタバに行きコーヒーを飲む。〜

（「日本マーケティング学会カンファレンス 2019」での筆者研究発表より）

このコメントからは，エクストリーム・ユーザーでは「商品への満足」より
も「サービスとしての消費プロセスでの体験」が重視されており，しかも，そ
れは**図表9-1**のように単なる店舗利用だけではなく，Web 空間を介して店舗

図表 9-1　エクストリームユーザーのジャーニーマップ

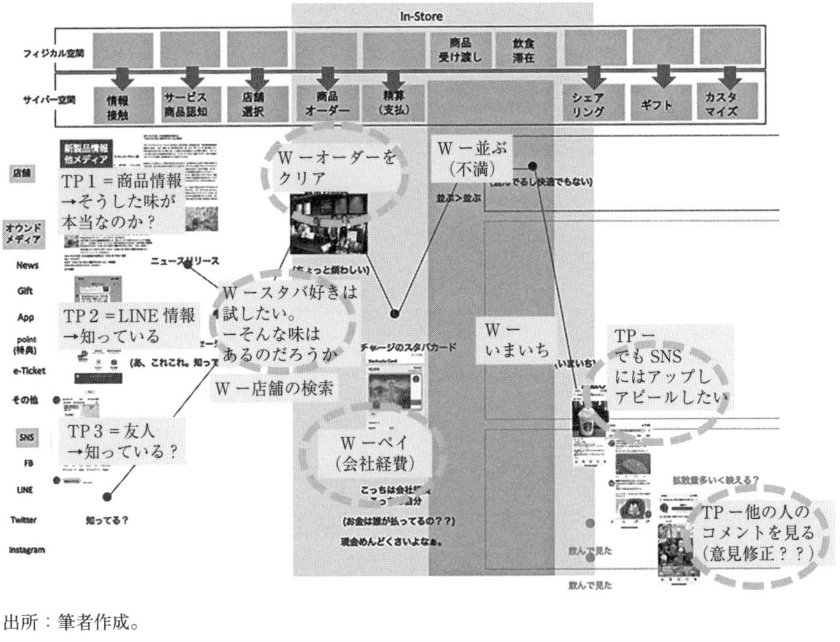

出所：筆者作成。

での行動の前後に延びる「消費プロセス」へ拡張している点が明確に汲みとれる。ここでは，以下のような特徴が指摘される。

（1）　顧客側の生活世界へのシークエンスの拡張

　消費プロセスでの「シークエンス（行動の起点から終着点までの時間で起きる連続した一連のイベントの流れ）」が店舗利用だけに限らず，Web空間を介して店舗利用の事前事後へとユーザー側の生活世界に拡張し，それに伴い顧客とのタッチポイントも増大し，顧客の体験の流れが持続的に拡張されていく。

（2）　新たなリレーションへの期待価値の発生

　企画新商品等への情報接触が輻輳化するに連れて関心・選択への意識が高まりはじめ，利用選択される店舗へはMy Starbucks（自分のお店＝常連客）意識が生じ，利用されるお店が特定化される。そのため，店内混雑はむしろ利用時の大きな不満として意識される一方，店頭では人間関係の機微がより強く利用時の意識に反映されるようになる。

（3）　自分の生活局面に合った消費体験から情報拡散への広がり

　接続性（Connectivity）の快適性が高まり，相互作用性（Interactivity）がより密度が高くなるとコーヒーなどの飲用よりも，ユーザーの生活局面に寄り添った「消費体験」で満足が評価され，その評価が友人たちへの情報拡散や，コーヒー体験推奨へのギフト送信など「他者志向的消費」が事後的に生まれてくる。

　ただし，コメントからみられるように現時点での「消費プロセス」ではユーザーからの積極的共感までは引き出せておらず，十分な価値共創へのプロセスと至っているわけではないと思われる。今後に向けて，接続性，相互作用性を技術レベルだけでなく，図表9-2のように顧客での生活局面へのプロセスに寄り添ったカスタマイズ展開やギフト行為への波及など新しい「消費体験プロセス」を捉え，そこでの共創アプローチを探求する必要があると思われる。

図表 9-2　シークエンスの拡張とタッチポイントの増加の比較

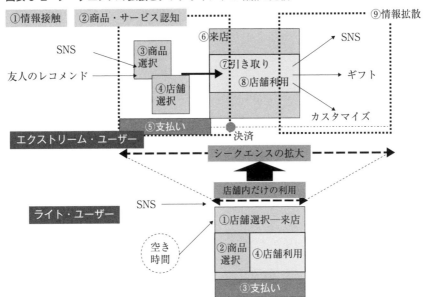

出所：筆者作成。

第3節　相互作用からの文脈形成へのマーケティング・アプローチへ

1　「MOBILE ORDER & PAY」を介したスマート・サービス消費へ

　この拡張的消費プロセスとして着目したいのが，2019年にスターバックスが導入した「MOBILE ORDER & PAY」であり，モバイルを通じてアプリ内で事前に注文と支払いを済ますことで，顧客がレジに並ばず商品を受け取れる展開である。この導入目的は一見，店頭レジ回りでのオーダーをスムーズにする混雑緩和が目的と受け取れる。確かに，中国では注文・決済をスマホアプリから行い，受け取りで並ばないラッキンコーヒーが新興し，スターバックスの

脅威となっているとの報告もある。また，事前注文・決済システムではサントリーの BOSS が同じようなシステムとして 2019 年 6 月，LINE からカスタマイズされた商品を注文・決済でき，ロッカーから商品を受け取るキャンペーン「Touch & Go」が話題となった。

　しかし，コーヒー・パスポート，スターを集めるリワード機能，事前に商品カスタマイズする機能，「Starbucks eGift」というスマホでのギフトを贈る機能，「Uber EATS」によるデリバリーなどスターバックスのいくつかのプログラムとの組合せから考えると，「MOBILE ORDER & PAY」が単体のプロモーションではなく，新しいサービス消費体験を顧客価値へと結び付ける複合的マーケティング展開を意図していることが読み取れる。ここでは①タイムリーな商品情報などを通じて生活世界で顧客との文脈（期待）価値を生み出す，②購買行動を事前に分離する，③店舗では並ばすスムーズな引き渡し，④顧客自身の目的に応じた利用—消費体験（ドリンク＆ステイ体験）を導くなど「消費プロセス」での資源分解，再統合の変化に気づかされる。アプリ上で他のマーケティング活動と連鎖し，「MOBILE ORDER & PAY」は顧客の日常の生活世界から店舗での "3rd Place" 体験へのつながりをスムーズに実現させ，より顧客体験を高める文脈を生み出しているのである。さらに踏み込むと「MOBILE ORDER & PAY」での顧客の生活世界へ寄り添う文脈は，以下の 3 つの要因から方向付けられている。

　1）Online 領域と Offline 領域を融合させ，
　2）顧客とのつながりを創り出す（価値共創への文脈価値）ことによって
　3）マーケティング・アプローチやビジネスモデルを変革させる。

　ここで注目したいのはビジネスモデルの変革の可能性である。従来的な「モノ」をベースとする売り切りモデルでは，企業が事前に価値を「モノ」に埋め込み，すべてモノの原価に必要な粗利を乗せる発想のため，利益はプロダクトの販売数を上げることが強く志向されることになる。そこでは，販売数増加の

ために魅力的プロダクト（商品）をつくることが基本であり，そのためマーケティングは最大公約数的なニーズをベースに魅力的なポジショニングを伝え，そのことにより安定的な購買リピーター（ロイヤル層）の確保をしようとする。しかし，今日のコモディティ化の中で，プロダクト自体を戦略優位に至るまで魅力的にすることは難しくなっている。むしろ，ユーザーにとって商品は使われてはじめて意味を持つ。そのため，購買行動での「売る」ことよりも消費行動での「使う」ことからユーザー接点が再編され，生活世界（使用行動）でのより強い継続的つながり（拘束性）が求められていく。わかりやすい事例では，この発想からコーヒー・マシンをオフィス・家庭に置いてもらい，ユーザーの生活世界と直接的につながり，アンバサダーを介してサービスを高めることでサブスクリプション・モデルを開発したネスカフェのバリスタの事例がある（図表9-3）。

　ここでは，コーヒー・マシンをほぼ無料で提供し，そこで使用されるコーヒー豆，紅茶葉，ココアなどの飲料素材に課金していく。このフリーミアムと呼ばれるサブスクリプション・モデルでは図表9-4からわかるように，顧客の生活世界に入り込むとともに継続的利用（サービス）での価値を常に高めることが事業成否を左右することになる。「MOBILE ORDER & PAY」では他のアプリと組み合わせ，情報やサービスの継続的なアップデートとともに稼働

図表9-3　ネスカフェでのサブスクリプションモデルへの転換

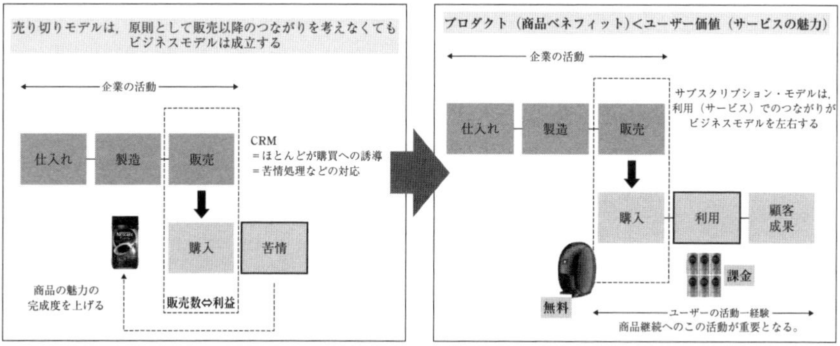

出所：筆者作成。

図表 9-4　使用継続ユーザーの重要性

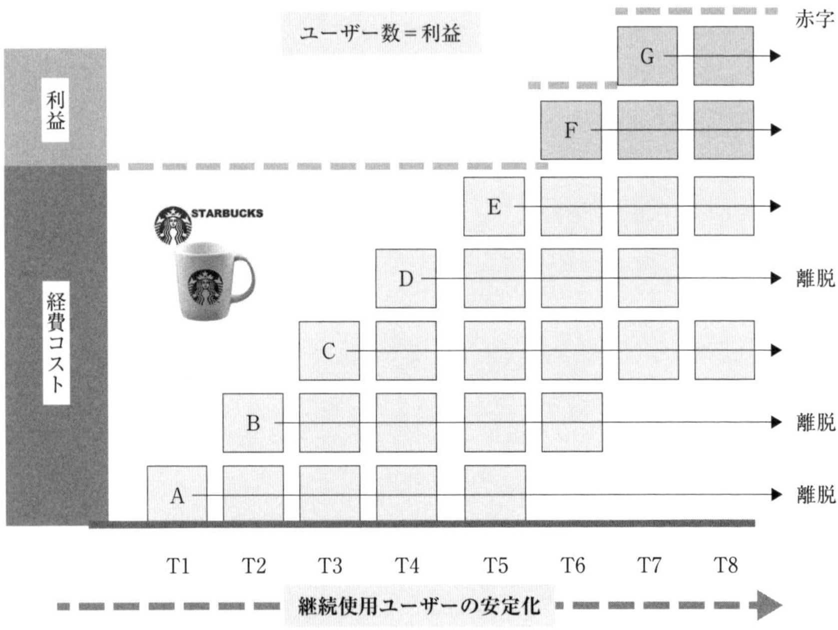

出所：川上［2019］をもとに一部修正。

することでゆるやかなサブスクリプションへと移っていく可能性がある。事業
の焦点が課金の仕組みからユーザーの継続利用を促し，コーヒー豆などの原料
やコーヒー関連の商品，サービス情報，店舗ニュース，ユーザーが求めるオプ
ションのアップデートと連動されていく。顧客と関わる「状況＝ context」に
寄り添って常にマーケティング活動やコミュニケーションをアップデートさせ
ていくのである。このように常にコンテンツが投げかける接触性，顧客に積極
的に関わる相互作用の密度から「他には類を見ないファン意識」も生まれてく
るといえる。
　以上を「MOBILE ORDER & PAY」での価値共創からの可能性として小括
しておく。

1) Online/Offline 融合的なシステムによりユーザーの生活世界にダイレクトにつながり，ユーザー顧客での使用プロセスで相互作用を生みだす。
2) そこでの焦点は，消費者の購買行動よりもユーザーの利用行動や価値観に寄り添ったプロセスでの「スマート・サービス体験」であり，それに向けての文脈価値への常なる提案とサービス素材のアップデートを伴う価値共創が開かれていく。
3) 事業的には，ICT によるユーザーの生活利用（使用）での文脈価値を事業システムの中に組み込む「プラットフォーム事業」の可能性が高まっていく。
4) 事業モデルとしては，安定的な継続ユーザーへの確保のためさまざまな商品・サービスをカスタマイズ提供できる「サブスクリプション・モデル」へと移行する。

2　相互作用からの文脈形成への展開

こうした新しい消費プロセスをどのように捉えれば良いのだろうか。村松［2017b］は，伝統的な「モノの交換」として事前に企業が価値（4Ps）を決め，顧客を市場取引へと取り込むマーケティングミックスの限界を指摘し，消費プロセスに入り込む直接的相互作用をベースとする新しいマーケティングとして4C（contact, communication, co-creation, value-in-context）アプローチによる価値共創マーケティングを提唱している。村松［2017b］によれば，価値共創とは「消費プロセスで企業と顧客が直接的相互作用によって文脈価値を生み出すこと」であり，その文脈価値を高めるマーケティングを「価値共創マーケティング」と規定する。そもそもスターバックスでのブランド・ミッションは「3rd Place の提供—rewarding（報われる瞬間）」であり，シュルツがイタリアのエスプレッソショップでの「顧客との絆」への気づきが原体験となっている。バリスタが煎れるコーヒー品質が「その日で報われるひととき」という体験（エクスペリエンス）をもたらす資源（手段）となり，事業目的で

ある顧客とつながる「体験」での相互作用の質を高める。ブランド体験とは，笑顔が交わる感動として「くつろぎの空間で，気分が明るくなり，人間的にふれあいを感じる場（3rd Place）」を実現することであり，そこに自分の居場所を感じてもらうことといえる。顧客の消費プロセスにダイレクトな介在を目指すアプリでは村松［2017b］が指摘する「消費プロセスで企業と顧客が直接的相互作用によって文脈価値」がアプリを通じてより直接的なインタラクションが生まれ，そこでは村松［2017b］の唱える 4C のプロセスその中で明確にみて取れる。「MOBILE ORDER & PAY」では①アプリがダウンロードされ（contact），②さまざまな魅力的な商品情報が提供され（communication），③事前にオーダーから支払いまでが済まされ（co-creation），④店舗では利用行動へ，すなわち自分の好みの商品を楽しみながら自分に合ったひとときの時間を過ごす「体験」（value-in-context）へと集約される。Grönroos［2006］は，サービスとは「顧客の価値創造をサポートするプロセス」であり，価値創造とは「サービスによる事後的な良さ，或いは Well-being を増すプロセスであり，使用価値の創造」と規定しているが，ここでの最大の特徴はアプリを介することで顧客の生活世界で織り成される「消費体験」での相互作用が濃密化し，Well-being をより共創的に高める点ではないだろうか。顧客の生活に入り込むダイレクトなつながりが "value-in-context" を生み出し，それに伴って顧客との「価値共創」はより密度が高いレベルになっていくと思われる。

第 4 節　おわりに―価値共創マーケティングの今後の展開へ―

　では，AI/IoT により顧客の生活世界とダイレクトにコネクテッドされる消費プロセスでは，価値共創はどのような展開が予想されるのだろうか。

　今後，顧客はデジタルメディア環境に生活空間自体が埋め込まれ，Online/Offline を通じて消費プロセスでは相互作用が頻繁に交わされる。そこでは，一連のサービスが包括的に提供されるにつれ，顧客はモノを所有することより

も，サービスとして使用することでの新しい体験価値を求めるようになる。その時のサービス体験は消えたとしても，ユーザーのその時の経験価値が次の体験を呼び寄せる。そのため企業はより包括的で上位の生活価値を提供する視点から顧客の求める成果を自分たちの活動に反映させるために事業を再定義するようになる。より上位の世界観から顧客との"value-in-context"に合わせて事業活動を拡張的に捉え，技術を組み込むのである。以下の**図表9-5**から企業と顧客の消費プロセスでの「MOBILE ORDER & PAY」の可能性を再確認してみよう。

従来的には主軸であった①「販売─購入」次元では「MOBILE ORDER & PAY」にみられるようにサブスクリプション・モデルへと課金機能などがOnline上に機能代替される。代わってマーケティング領域では②「AI/IoTシステム」では接続性，相互作用性，インテリジェント性を介してより快適な

図表9-5　消費プロセスでのマーケティング拡張へ

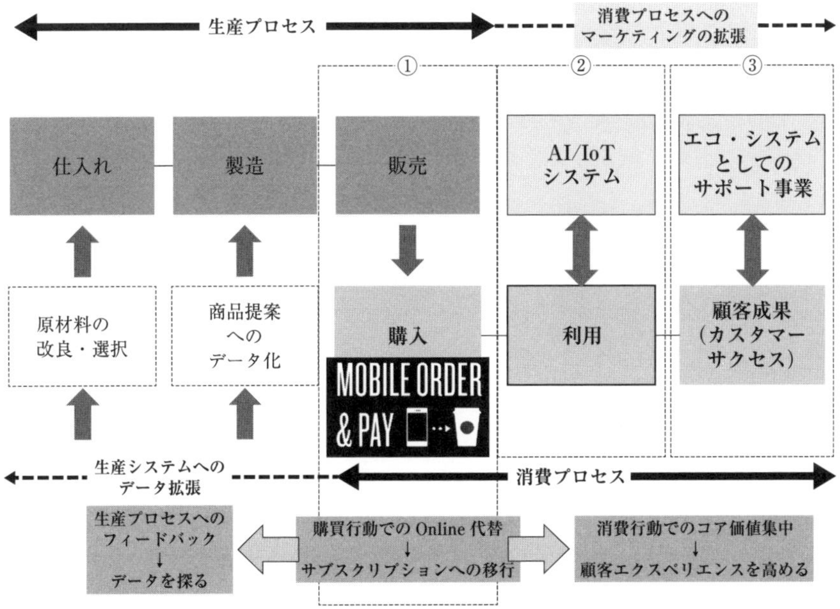

出所：筆者作成。

サービス消費への利用体験へ寄り添う，さらに③「事業エコシステム・サポート」としての従来事業を拡張，顧客の生活世界をより広く包括する顧客成果（カスタマーサクセス）が目指されていく。特に③では，村松［2017b］が指摘したように，島村楽器が「音楽の楽しさを提供し，音楽を楽しむ人を一人でも多く作る」という強い思いから，音楽教室というサービス業態からビジネスを拡張した事例と同じく，「コーヒーからの心豊かな体験」への強い思いから従来の消費プロセスを越えた領域へと事業価値が拡張していく。ハワード・シュルツとともにスターバックスを成長させてきたハワード・ビーハー［2009］は，スターバックスでは，「なぜ，この会社で働くのか」を核心的な問いとしてきたという。人は仕事のためにではなく，夢のために働くと考え，守り続けてきた大切な原則「私たちはコーヒーを売っているのではなく，コーヒーを提供しながら人を喜ばせるという仕事をしている」を指針とした。こうした "value-in-context" を共創しあう世界観に基づいたパーパス（目的＝存在意義）を持つことが何よりも大切となるのではないだろうか。目指されているのは，何よりも自分たちの価値観を反映するビジネスを創造し，価値観を行動にあらわし，自分の価値観に正直になれる場所をつくることである。それが，世界で最高級のコーヒーを調達，焙煎，提供することで人々がお互いに支え合う環境でそれを成し遂げることがスターバックスでの目標となっていく。

　特にアプリを介して，私たちはさまざまなスターバックスの価値観と触れ合うことになる。「国際フェアトレード認証コーヒーの購入」，「東日本大震災からの東北の子供たちの夢を支援するハミングバードプログラム」，「毎日 20 日のエシカルコーヒーの日」。こうした顧客との "value-in-context" の共有が日常生活の中で積み重なっていく。さらに注目されるのが，2019 年 2 月にオープンした，スターバックスが徹底的なコーヒー・イノベーションを追求する「スターバックス リザーブ ロースタリー 東京」である。焙煎工場を併設する店舗で，メインバーや焙煎設備，イタリアンベーカリー，グッズの販売エリアなどを持ち，コーヒーの専門性に加えて，高いレベルでのカスタマーサービスを併せ持ったバリスタが，約 60 種類のビバレッジを提供するという。最上階

は，日本語の「編む」に由来した「AMU」というインスピレーションラウンジで，地域の人々の集まりやスペシャリティコーヒー協会公認のトレーニング施設として活用する構想であり，この場所を通じて職人たちの熟練の技など日本文化に触れる機会としていくという方針を立てている。スターバックスは何よりも従業員とパートナー意識を持ち，内部から生まれる価値観や行動を価値共創へと育める仕組みを追求し，顧客とともに「ひとときの喜びの体験」への常なる挑戦へと駆り立てていると思われる。最後に，新型コロナウイルスの感染拡大により，スターバックスは，アメリカ，カナダで最大 400 店舗を閉鎖する一方で，この「MOBILE ORDER & PAY」を活用し，「スターバックス・ピックアップ（Starbucks Pickup）ストア」を拡大すると発表した（2020 年 6月 10 日）。「MOBILE ORDER & PAY」がどのような価値共創をもたらすのか注目していきたい。

（森　　一彦）

第10章　　HATAGO 井仙

価値共創と地域創生とは何か

第1節　はじめに

　本章は独自の価値提案を行っている宿泊業の事例分析を通して，価値共創プロセスと価値共創の場の拡大を通した地域創生プロセスについて考察する。

　宿泊業は，インバウンドの旅行客の増加の恩恵を受け活性化している地域が一部にある一方，衰退しつつある地域も多く，そのため廃業する企業も多い。これらの旅館やホテルでは昔ながらの画一化したサービスを行ってきたところが多く，時代のニーズに取り残されている。本章では，衰退しつつある地域において，顧客視点に立った価値を創り出すことによって活性化を取り戻した旅館，HATAGO 井仙を事例として採り挙げる。HATAGO 井仙は，顧客に対する独自な価値提案に加え，独自な活動の側面を持っている。それは，HATAGO 井仙1つの施設に限定された価値提案ではなく，拡がりを持つ形で価値提案を行い，それを地域創生に結び付けようとしている点である。地域の中のそれぞれの要素が，ばらばらの価値となって顧客に提案されるのではなく，1つの統一された価値を基軸として提案することによって拡がりを持ったものとして地域創生につなげようとしている。

　本章では，このような衰退しつつある地域において活性化を取り戻した事例分析から，今日どのようなマーケティングが求められているのか，また顧客にとっての価値を顧客との共創を通してどのように実現しているのかについて4C アプローチ（村松［2015b］）に沿って考察するとともに，1つの施設に留まらず，統一された価値の基軸をどのように拡がりとして提案し，地域創生に

つなげようとしているのか，そのプロセスについても考察を拡げる。当事例は，HATAGO 井仙の井口智裕社長へのインタビュー（2019 年 11 月 12 日）に加え，同社作成の資料（企業サイト），複数メディアによる井口社長へのインタビュー記事，新聞，文献資料をもとに体系的にまとめることによって分析を行った。

第 2 節　事例研究の対象と先行研究

1　事例企業の概要

　HATAGO 井仙は，新潟県，湯沢町の駅からほど近い場所に位置する温泉旅館である。湯沢ビューホテル井仙は，1953 年創業の温泉旅館である。そのオーナー，井口智裕は，2005 年に社長に就任すると，温泉旅館とはいえ，ビジネスホテルのおもむきであった湯沢ビューホテル井仙を大改修し，まるで江戸時代の旅籠のイメージを持たせた旅館として HATAGO 井仙を再出発させた。湯沢は，山に囲まれた地域であり，かつてはスキーや温泉で人気があったが，今では活気を失い衰退しつつある地域の 1 つとなってしまっている。その中で，HATAGO 井仙は「人に尽くし」（顧客満足），「己を磨き」（社員満足），「共に伸びる」（地域満足）の「三輪の和」を企業理念とし，HATAGO 井仙の独特な価値を提案するとともに，その地域全体を活性化していこうとしている。独自な価値を提案することで，井仙はいまやほとんどの土曜日は予約で埋まり，一年先のカレンダーにもしるしが入るほどの人気の旅館に生まれ変わっている。改修後の HATAGO 井仙は，売上，従業員数とも，改修前の約 3 倍にまで成長している。

2　先行研究と分析フレームワーク

　これまで観光産業や宿泊産業に関する多くの研究が積み重ねられてきたが，それらは観光に必要となる交通や施設などのインフラの整備や環境対策を含めた政策者としての視点，あるいは企業としてどのように市場に対し，収益化するかという企業視点に立った研究が主である。顧客にとっての価値から考察をすすめる研究もあるものの，内容的に充実しているとは言い難い。それらの研究は，顧客ニーズを把握する目的のもとに量的調査を取り入れたものが多いが，それらの結果に基づいて観光産業や宿泊産業におけるサービス設計やプロモーションを行えば行うほど，どこも同じような内容のサービスとなってしまい，没差別化となり，活性化の糸口を探し損ねてしまっていることが多い。サービスメニューを拡充する，あるいは他社と比較して自社にないプログラムを補うという方法では，必ずしも問題解決に至らない。

　このように，政策者の視点あるいは企業視点に立ち，これまでの伝統的マーケティングの 4Ps アプローチの延長線上に解を求めようとしても，その努力にもかかわらず，何が問題で顧客の心をつかめないのか，なぜ顧客にとっての価値にならないのかに対する回答は得られていない。すなわち，サービスメニュー，プロモーションの内容，価格，ロケーションの比較分析を行い，あるいは他社の成功事例の一部を模倣したところで，再生の解に辿り着くことは困難なのである。むしろ，この産業における主人公であるべき顧客の視点に立ち戻り，顧客にとっての価値から考察し直す必要がある。

　顧客にとっての価値を考察する場合に，企業が創り上げた価値を一方的に顧客に提供するという図式ではなく，顧客視点からの価値をどのように企業と共創するかが問われる。その際，企業はどのように顧客との間に相互作用をつくり出し，顧客の消費プロセスに入り込むかが問われる。この消費プロセスへの入り込みの詳細について，4C アプローチ（村松［2015b］）に沿って考察をすすめる。企業と顧客間の相互作用は，さらに直接的な相互作用と間接的な相互

作用に分割される。そして，企業と顧客間の直接的な相互作用においてのみ，価値共創が実現され得る。一方，顧客との間には直接的な相互作用に加え，さまざまな間接的相互作用が存在し，それらも顧客にとっての価値形成に重要な役割を演じていると考えられる。その間接的相互作用は，サービスプロバイダーの資源・プロセスによるものと，他のアクティビティ・資源によるものとが存在する（Grönroos and Voima［2013］）（**図表 10-1**）。そして，そこにおいて，顧客との直接の相互作用と間接の相互作用は，どのように関連し合っているのか，あるいは独立的であるのかを顧客視点で考察することも重要な課題となる。すなわち，直接的相互作用と間接的相互作用の中で顧客が自己にとっての最終的な価値をどのように判断，決定しているのかについて考察することが求められる。

　よって本章は，事例分析を通し，どのように顧客の消費プロセスに入り込むことによって価値共創を実現できるのかについて考察するとともに，間接的相

図表 10-1　直接的，間接的相互作用と顧客およびサービス・プロバイダーの役割

プロバイダー領域		ジョイント領域		顧客領域	
プロバイダー 潜在的な利用価値		プロバイダー 利用価値	顧客 利用価値	顧客 利用価値	顧客 利用価値
間接的な相互作用		直接的な相互作用		間接的な相互作用	
価値促進		価値共創	価値共創 / 価値創造	独立した 価値創造	独立した 社会的価値の 共創
サービス・プロバイダーは，資源／プロセスを行う顧客の価値創造を容易にする		サービス・プロバイダーの資源／プロセス／成果は，管理されたダイアログ・プロセスで，顧客の資源／プロセスと相互作用する	顧客の資源／プロセスは，統合された対話プロセスで，サービス・プロバイダーの資源／プロセス／成果と対話する	サービス・プロバイダーの資源／プロセスによって，独立した（個人的または社会的な）価値創造プロセスにおいて，顧客の資源／成果と相互作用する	他のアクター／アクティビティ／資源は集団的／社会的な価値創造プロセスにおいて，顧客の資源／プロセス／成果と相互作用する

出所：Grönroos and Voima［2013］; 今村［2016］。

互作用と直接的相互作用がどのような役割を果たし，顧客においての最終的な価値にいかに貢献しているのかについても考察を行う。加えて，HATAGO 井仙は，価値を拡がりとして提案し，地域創生につなげる活動を行っているが，その拡がりとしての提案に，直接的および間接的相互作用がどのように貢献しているのかについても考察を行う。

第3節　事例研究

1　市場環境と課題

　全国的に地域の創生が，県や市の重要施策と位置づけられる地域が多くなっている。HATAGO 井仙がある地域は，人口の減少が続く新潟の雪国，湯沢である。新潟県の人口は，1997年の249万人をピークに減少に転じ，2015年には戦後はじめて230万人を割るなど，国全体よりも早いペースで人口減少が進んでいる。20年後の2040年には179万人まで減少すると予測されている。新潟の中でも，湯沢はかつてスキーブームにのって栄えた地域である。しかし，スキー人口も1993年の約1,860万人をピークとして下がり続け，2016年には約580万人（スノーボードも含む）と，三分の一以下に縮小してしまっている。バブル経済のころにつくられた湯沢のリゾート用タワーマンションは，いまや破格値で売られている。もはや，スキー客を相手にビジネスが成り立つ状況ではなくなっているのである。

　1997年に長野新幹線，2015年に北陸新幹線が開通し，これが地域活性化の起爆剤になると期待されたが，当初の期待むなしく，むしろ首都圏に人口が流出するきっかけとなってしまった。冬場のスキーや昔ながらの温泉旅館というサービスに頼っていられないこの状況下，井仙は変革を求められたのである。

　「満足した客でもリピーターとなるのは2割」[1]との経験知から，HATAGO

井仙では，より顧客の視点に立ったサービスを心がけ，2006年に和風の雰囲気を大切にしつつも，部屋にベッドを置き，快適性を高めたHATAGO井仙を開いた。かつての魅力をほとんど失ったこの湯沢において，いかに顧客のこころをつかみ，HATAGO井仙だけではなく，この湯沢の地域全体を再活性化できるかが問われている。その背後には，地域が活性化しないとうちにもお客は来ない，という思いがあった。HATAGO井仙は，自らこの地域，魚沼を感じていただく玄関として，また里山の価値観を発信するショールームとしての役割を果たそうとしている。

2　HATAGO井仙における価値共創の接点（Contact）の拡大

　HATAGO井仙は，いかにも雪国の家屋を思わせる玄関口を備え，囲炉裏のある待合室，素足で過ごしてくつろげるようにと畳が敷かれた廊下など，旅人を受け入れる瞬間から里山の体験が醸成されるよう，工夫されている。井仙は，地産地消という理念を大事にし，この里山で採れる素材を使った料理を提供している。HATAGO井仙で提供される食材は，里山という観光資源を守りたいとの思いから，ほぼ地元，魚沼産のものを利用している。たとえば，井仙で出される米は，地元，宮田農産の魚沼産コシヒカリであり，昔ながらの釜でたかれて出される。酒は江戸時代に創業し，290年の歴史を持つ鶴齢の蔵元，地元の青木酒造の酒であり，伏流水だけで仕込まれている。醤油は，昔ながらの方法でつくれた醪（もろみ）で仕込んだ本醸造の醤油，さらに味噌は，創業80年の木津醸造所が仕込んだ天然醸造の麹味噌が提供される。

　このように，顧客に提供されるあらゆる食は，昔ながらの方法でつくれた里山地域の伝統を感じられるものとなっている。これらの食材がどのようにつくれているのかをみるための，老舗漬物店での発酵食見学プログラムも用意されている。そこでつくれている「山家漬」は，地元の日本酒「八海山」の酒かすを使って7か月も漬け込まれてでき上がっていく。このようにHATAGO井仙は，井仙内に顧客接点（contact）を充実させるだけでなく，井仙外にも顧

客との接点を拡大しようとしている。その背景は以下に示す井仙の企業理念と
も強く結びついている。

　湯沢は，バブル時代に無秩序な開発が行われたために，地域全体の魅力が損
なわれてしまっている。その経験から HATAGO 井仙は，自社の活性化だけ
ではなく，地域全体で共存していくことが重要だと考えている。HATAGO 井
仙は顧客満足・社員満足・地域満足の「三輪の和」で地域を活性化していくと
いう企業理念のもとに，独自な価値を提案し続けている。この企業理念「三輪
の和」で特徴的なのは，「共に伸びる」で，「自分たちだけの利益を考えるので
はなく，関わる人と地域に役立つことを考え，共に発展していきます」という
ものである。井仙は，個としての HATAGO 井仙の価値提案のみならず，地
域としての価値提案を行おうとしている。HATAGO 井仙のオーナー，井口社
長は，湯沢町など新潟県内外 7 市町村で創る「雪国観光圏」の代表理事を務
め，HATAGO 井仙のコンセプトを基軸に，同様の価値に基づくプログラムを
地域全体に広める活動を行っている。「雪国観光圏」は，2008 年に新潟県魚沼
市，南魚沼市，湯沢町，十日町市，津南町，隣接する群馬県水上町，そして長
野県栄村の 7 市町村で設立され，1 つずつでは埋もれてしまう雪国の地域資源
を発掘し，つなぎあわせ，企業と連携して磨き上げることで世界に通用する価
値を生み出すことを目的としている。

　これまで，地域の旅館は安売り合戦に陥り，安価な素材を域外から仕入れる
ようになったことで，地元の生産者も安価で粗悪な商品をつくる傾向にあっ
た。そこで HATAGO 井仙のオーナーは，「うちが責任を持ってすべてを買う
から，地元の米，大豆，塩，味噌を使って商品をつくりましょう」と地元の生
産者に提案を行ったことがきっかけで活動がはじまった[2]。その活動の 1 つ
は，地元の米やみそなどを「雪国 A 級グルメ」として認証する取組みで 2011
年から開始された。品質に加え，添加剤を使わないなどの厳しい条件を満たす
ものだけを認証し，食のブランドづくりを進めることによって観光を含めた地
域振興につなげようとするものである。「雪国観光圏」では，地元の文化を象
徴する酒蔵や閑散期の仕事として根付いた織物などの見学も積極的に行ってい

るが，食は雪国の魅力と品質をアピールする要素として特に重要視している。ミシュランガイド東京で星を獲得した料理人や料理家を招き，こうした食材からつくられたA級グルメの試食会を通して，都市圏への認知および口コミの拡大や，逆に都市圏からみてどのようなニーズがあるかなどを地元の料理人にフィードバックする機会として利用している。

　彼らの新潟県外での認知獲得活動も積極的である。HATAGO井仙は，湯沢のアピールやブランド化の一環として，2013年から2014年にかけ，東京，品川の駅構内に地元の食材を使ったレストランを開き，魚沼産コシヒカリや越後もち豚，大根やなすの味噌漬けなどを使ったメニューが楽しめる場所を提供している。HATAGO井仙では，これらの生産者と協力し地元食品の製品開発も行っている。たとえば地域で伝統野菜の「かぐらなんばん」を使った辛味噌は，井仙の従業員が生産者と一緒に製品からパッケージにいたるまで開発を行っている。雪室で醸成させる「雪室野菜」も，井仙の料理長が参加し，調理法の可能性について常に研究している。雪室で人参やじゃがいもを醸成させるのは，この地方でよく行われてきたことで，この雪がこの地方独特の甘くて美味しい野菜を育んでいる。

　井仙の従業員は，このように旅館の中だけではなく，食材の生産者など地域との接点を多く持つことで，広い視野を持ちながら地域の魅力を増すための課題に常に向き合っている。また，南魚沼市と十日町市の道の駅にレストランを開き，これらの伝統の食材や料理を手軽に味わえる場所を提供することによって，地元の伝統食を体験していただける顧客層の拡大をねらっている。この経営の主体は，複数の地域の旅館，HATAGO井仙，雪国の宿　高半，ひなの宿千歳の経営者らが2011年に協働で出資してつくった雪国食文化研究所で，HATAGO井仙のオーナー，井口社長が代表を務めている。これは，地域の食文化を持続可能な地域の産業として成長させることを目的としたものである。これらの活動は，さまざまな顧客との接点を増やすとともに，地域に住む若者の活躍の場も増やし，共創の場の拡大に貢献している。

3　HATAGO 井仙におけるコミュニケーション（Communication）と価値共創（Co-creation）

　HATAGO 井仙のオーナーは，この里山地域に独特な雪国の食文化や風習をもっと人々に知ってもらいたいとの情熱を持ち，これを価値の基軸に据えたうえで，小さいころから日常で経験した山菜採りやキノコ採りを顧客へのサービスの一環として組み込んでいる。里山とそこに生きる人たちの生活を県外の人にぜひ体験してもらいたいとの思いからつくりだしたプログラムである。それは，顧客に単に里山の料理を味わってもらうだけではなく，顧客自ら山菜採りやキノコ採りからはじめ，料理し，味わうプロセスを通じて，真に地域の文化を感じ取ってもらうという，ほかに例をみない顧客との価値共創の試みである。

　このプログラムは，収穫期の春と雪が降りはじめるまでの秋に限られるが，自身で林道を歩きながらキノコや山菜を収穫し，とれた食材は，眼の前で井仙の料理人が食材の特徴や調理法，秘伝のレシピ等について，顧客と会話をかわしつつ料理してくれる。希望すれば，オープンキッチンを使って，顧客自ら収穫した食材の料理体験を味わうこともできるようになっている。ここで出される雪国ならではの食の文化を顧客に十分に味わっていただくため，「採って，作って，食べる」をコンセプトとしたもので，井仙では顧客体験の核，すなわち顧客の消費プロセスへの入り込みとして大切にしている。この新潟食文化体験プログラムは「雪国ガストロノミー」と名付けられている。新潟の食の文化とは，毎年3メートルもの雪が積もる豪雪地域において，半年近く雪に閉ざされる冬を越すための知恵として生まれたものであり，さまざまな山野の恵みの塩漬けや乾燥品，発酵食などがある。

　HATAGO 井仙のこの試みは，企業が一方的に価値を顧客に提供するという構図ではなく，顧客との共創を通して価値を実現しようとするものである。このように，顧客支援者たる企業は，顧客の消費プロセスに入り込み，顧客と一

143

緒になって顧客にとっての価値を共創する必要があり（村松 [2015a]），それによって顧客にとっての豊かな価値が生まれると考えられる。

　さらに，前項で紹介された井仙により提供される伝統食や里山文化などさまざまな里山体験の要素は，「採って，作って，食べる」に代表される顧客との直接の相互作用を包摂しながら，顧客にとっての文脈価値（value-in-context）を豊かなものにすることに貢献している。

4　HATAGO 井仙を超えた面としての価値共創の拡がり

　HATAGO 井仙の井口社長は，上記の活動を点としてではなく，「面として行うためには，同じ思いで運営する宿が3軒は必要だ。湯布院の成功の背景にも3軒の旅館が同じフィロソフィーを持って運営することによって，面として拡大していったように，当地においても少なくとも3軒が同じフィロソフィーを持って走ることが重要である」[3] と考えている。よって井仙は，地域のブランド発信を面として行うため，地域の他業種や同様の価値共創の切り口を備えた旅館と協力，提携あるいは買収することにより，井仙一施設を超えた価値提案を行い湯沢地域全体の創生を試みようとしている。

　その1つが，2018 年の高級旅館「龍言」の取得である。龍言は，南魚沼市の古い歴史を持つ寺の広大な1万 6,000 坪の跡地に，江戸時代の庄屋や豪農などの古民家，八棟を移築してできた旅館で，その一部は国の有形文化財となっている。独特な世界観から昔から多くの著名人や文化人から評価されている，新潟を代表する旅館である。また，将棋の竜王戦などの会場としても有名である。元々龍言は県外の企業が運営していたが，事業転換することになり，地元の企業に伝統の宿を守ってもらいたいとの思いから HATAGO 井仙に譲渡されたものである。

　HATAGO 井仙は「この歴史のある建物や風流な温泉を世界に認められるような宿にする」との決意から，上記のさまざまな文化を伝えるもう1つの拠点として運営を行っている。この龍言も，井仙と同様の価値に基づいて運営され

ており,「採って,作って,食べる」をコンセプトとした「雪国ガストロノ
ミー」も同様に運営されている。

　さらに,雑誌「自遊人」の編集長で,雪国観光圏にも携わる岩佐氏がプロ
デュースする宿「里山十帖」も協力し,同様の価値を提案することで,面とし
てのブランド化をすすめている。築 150 年の母屋を持つ「里山十帖」は大沢山
のふもとに建ち,地元で採れた山菜による山菜づくしの料理が有名である。ま
た,近くの水の張った田んぼの上で,大沢山の湧水で淹れたお茶を楽しむ茶会
や,稲穂に囲まれた黄金茶会,冬のかまくらでの雪中茶会など,創意あふれる
プログラムを提供している。このように,井仙は,地域と共生しながら,いく
つかの宿を拠点に新たな価値を創り出す滞在プログラムを積極的に開発・展開
するとともに,「雪国」というテーマでブランド構築を行おうとしている。

第 4 節　考察

　以上 3 節を通してみてきた HATAGO 井仙の試みの真髄を以下に総括する。
　HATAGO 井仙の価値提案は,「採って,作って,食べる」のコンセプトの
もと,顧客が自身で山菜やキノコを採るところから参加するなど,顧客との直
接の相互作用において他社にはない共創を創り上げている。それとともに,
HATAGO 井仙に滞在する時間において受けるさまざまな間接的相互作用が,
顧客のさらなる豊かな里山文化体験を醸成している。それは,HATAGO 井仙
で体験する囲炉裏,露天風呂などの宿のたたずまいであり,伝統食を地域の道
の駅レストランで体験できたり,里山の食文化を理解してもらうための酒蔵,
織物や発酵食見学プログラムなどである。井仙では,このような「他社では模
倣困難な,ストーリーを体験できる宿泊プログラムの提供に尽力している」[4]。
これらにより,顧客が宿に滞在する時間の前後にも相互作用の機会が拡大され
ている。
　HATAGO 井仙の試みは,上記に示したさまざまな間接的相互作用が顧客の

経験の中に埋め込まれ，核となる直接的相互作用を時間的・空間的に包摂することによって，より実りある価値共創として実現されているといえるであろう。つまり，相互作用を通して価値が生じる時間軸は長いものであり，価値が生じる場も消費プロセスにおける「使用」より広い。そして，顧客は，直接的な相互作用を核としながらも，間接的な相互作用を生むさまざまな資源の使用の中から価値を抽出し（Grönroos and Gummerus［2014］），直接的相互作用以外の間接的相互作用を伴った総体としての相互作用により文脈（value-in-context）としての「価値」が創造され，それを顧客自身が決定していくというふうに資源統合プロセスを捉えることができる。ここにおいて，マネジリアルな視点（Heinonen and Strandvik［2015］）に立つならば，重要となるのは企業がマネージできる直接的相互作用を核として，さまざまな間接的相互作用を一貫したストーリー性を持った形で構築し，直接的相互作用と間接的相互作用の連続性を重視することであろう。そして，その連続性を持った相互作用が文脈をつくり出し，「顧客は様々な文脈のもとで文脈を知覚し，それに影響する文脈それ自体を企業がコントロール」（村松［2017b］）しているのだということができよう。

第5節　おわりに

　HATAGO 井仙は，自らの再生のために伝統的マーケティングの延長線上に解を求めるのではなく，顧客が里山地域を訪れ，井仙あるいは龍言に滞在し，その後，里山地域の各施設や伝統食を味わうといった時空の拡がりの中における顧客の消費プロセスに入り込むことによって，その直接的相互作用から独自な価値を顧客と共創している。かつ，里山文化の体験という統一した価値の基軸をさまざまな間接的相互作用を通して提案することで，顧客にとっての豊かな価値を醸成している。

　加えて，HATAGO 井仙にとって特徴的であるのは，1つの施設と顧客との

相互作用だけではなく，それを超えた相互作用を行う場を装置化していることである。1つは，近隣7市町村で創る「雪国観光圏」や複数の旅館の経営者による「雪国食文化研究所」である。さらには，HATAGO 井仙や龍言と同様の価値を提案する里山十帖などの活動である。龍言など少数を除けば HATAGO 井仙と資本関係はなく，さまざまな施設が1つの価値基軸のもとに緩やかな関係でつながることにより1つの生態系を構成し，つながることによってより豊かな価値を提案することが可能となっている。また，HATAGO 井仙が創り上げた価値を基軸に，その里山地域に属する複数の旅館や施設や食材の生産者が同様の価値を顧客に提案することで，それらの旅館や施設などのアクターが互いに競合でありながらも相互依存的な関係を構築していると捉えることができる。そして，このような地域のアクターが「雪国観光圏」に参加したり，「雪国食文化研究所」のサポートを受け，一貫した価値を提案することによって，顧客にとっての当里山地域の認知が向上するとともに，顧客から見た価値や魅力が向上していると考えられる。

　これまでみてきたように，今日，求められているマーケティングは，伝統的マーケティングで用いられてきた4Psの各要素の比較や改善，あるいはベスト・プラクティスの追随では解を得ることは難しく，むしろ顧客と相互作用を構築し，顧客の消費プロセスの中に入り込むことからはじめなければならない。顧客にとっての価値そのものは，その当事者である顧客がすべてを決定することとなるが，その価値の文脈を企業が消費の場への入り込みにより唯一マネジメントが可能になるといえる。そしてその顧客との直接的な相互作用を核としながら，さまざまな間接的相互作用の場の拡大を通して価値をより充実させることが重要となる。また，その直接的相互作用と間接的相互作用が一貫したストーリー性を持つことによって，顧客にとって，より豊かな価値が生まれると考えられる。さらに，本事例では，企業と顧客のダイアドの関係以外にも相互作用を拡大することにより，地域の創生にも貢献しつつあることが指摘された。

　本章では，衰退しつつある地域において，HATAGO 井仙が顧客視点に立っ

た独自の価値提案を行い，顧客との直接的相互作用と間接的相互作用の中で顧客にとっての最終的な価値を創り上げていった，そのプロセスの一端を解明できたと考える。また，これまでの価値共創の事例研究は，単体の企業と顧客間に関するものが多いといえるが，本章では，統一された価値基軸をどのように拡がりとして提案し，1つの施設を超えた地域全体としての価値として地域創生につなげようとしているのか，そのプロセスについても考察を行った。このような，複数のアクターと顧客との価値共創に関する考察は，価値共創研究における新たなる視座を提供できる可能性があり，今後さらなる研究が期待される。

注
(1) 流通新聞（2011 年 2 月 13 日 4 頁）による HATAGO 井仙 井口社長へのインタビュー。
(2) ミラサポ未来の企業応援サイトによる HATAGO 井仙 井口社長へのインタビュー。
(3) HATAGO 井仙 井口社長へのインタビュー（2019 年 11 月 12 日，龍言にて実施）。
(4) 同上。

（森　哲男）

第11章　　　　旧摩耶観光ホテル

生活世界へ入り込むヘリテージマネージャー

第1節　はじめに

　多様なステークホルダーの存在を視野に入れておかなくてはならない今日の
マーケティングは，厄介な問題（Rittel and Webber［1973］）に直面する場面
が増えている。Rittel and Webber［1973］が厄介な問題について 10 の特性を
挙げるうち，ステークホルダーの認識がそれぞれに異なるために問題の捉え方
が異なってくるという特性が，最も厄介なものと考えられる。観光は多くの場
合，地域社会と不可分の関係にあり，地域住民や自治体の存在を視野に入れて
おかなくてはならず，厄介な問題との向き合いが特に求められるマーケティン
グ分野であるといえる。

　厄介な問題に取り組むにあたって看過できないのは，地域住民をはじめ市場
的視野の外に置かれがちなステークホルダーの生活世界である。生活世界につ
いていえば，明証性の地盤である生活世界を記号や数式などの「理念の衣」に
よって隠蔽した近代科学が，人間が生きることにとって科学がどのような意味
を持つのかという問いへの答えを失ったとするフッサールの批判（フッサール
［1974］）がある。それは，顧客との接点を専ら市場に求める伝統的な 4Ps
マーケティング[1]への批判ともいえる。

　4C アプローチ（村松［2017b］）は，顧客の生活世界への入り込みによって
価値共創を推進する枠組みである。地域住民，あるいは「聖地巡礼」目的の自
然発生的な観光客のように，観光において市場的視野の外に置かれがちなス
テークホルダーに対しては，「理念の衣」に隠蔽された生活世界へ入り込む視

点が求められる。

　本章は，過去の観光開発がもたらした負の遺産が，ヘリテージマネージャーという第三者により，地域社会に受容される形で新たに観光資源化[2]されていくプロセスを，4C アプローチ（村松［2017b］）の視点から読み解く。具体的には，廃業後久しく放置されていた旧ホテルを解体するか，あるいは存続させるかをめぐって，その所有者，廃墟マニアという自然発生的な観光客および地域社会が三すくみに陥っていた状態から，伝統的な 4Ps マーケティングの視点に立てば負の商品価値でしかない旧ホテルが，新たに観光資源化されていく逆転の事例に注目する。そのプロセスには，ヘリテージマネージャーによる生活世界への入り込みがみられる。廃墟マニアや地域住民の生活世界への入り込みが，ヘリテージ・ツーリズムをめぐる厄介な問題をどのように解決していったのかについて，4C アプローチの視点から明らかにする。さらに，地域住民や廃墟マニアにおける事後創発についても考察する。

第 2 節　伝統的な 4Ps マーケティングの視点によるヘリテージ・ツーリズムの考察

1　ヘリテージ・ツーリズムにおける伝統的な 4Ps マーケティングの限界

　観光の類型化については，さまざまな議論があるが，産業観光やエコ・ツーリズムのように，観光対象となるアトラクションの属性に基づくものが大半を占める。西山［2001］は，アトラクションとする資源の固有性に注目して，希少価値の高い自然遺産を資源とする観光と，文化財的価値の高い文化遺産を資源とする観光に大別し，後者をヘリテージ・ツーリズムと呼ぶ。前者の場合，観光客の消費経験が大きく異なることはないが，ヘリテージ・ツーリズムの場合は，観光客の消費経験が文化遺産の意味づけに関わってくるので，観光客と

の間に相互作用的な関係が生まれる（安福［2001］147 頁）。「聖地巡礼」目的
の観光が市場外で自然発生的に生まれるのは，その代表的な例といえる。

　ヘリテージ・ツーリズムに生まれる観光客との相互作用的な関係は，伝統的
な 4Ps マーケティングにとって厄介な問題である。市場を介しての交換は，
観光客の消費プロセスにおいて，ごく一部を占めるにすぎない。しかも，観光
客の消費経験が文化遺産の意味づけに関わってくるということは，その商品価
値が交換された後も引き続き，観光客との相互作用的な関係の中で変動する可
能性を意味する。市場を介しての交換は，伝統的な 4Ps マーケティングを根
底から支える概念である。しかし，その重要性は，ヘリテージ・ツーリズムに
みられる相互作用的な関係にあっては，相対的に小さくなってしまうのであ
る。

　また，ヘリテージ・ツーリズムには，文化遺産は誰のものなのかという問題
が伴う。

　「遺産に近接して，あるいは遺産の中に住む人々がその遺産を生み出した文
化の直接の継承者である場合はわかりやすい。しかし現時点において空間的に
遺産に最も近い人々が，その遺産を創出した人々とまったく関わりのない，あ
るいは文化や文明が一旦断絶した後に住み着いた人々であるような場合は，契
約上の所有関係は別として，そうした遺産が誰のものであるのかということが
問題となってくる」（西山［2001］28 頁）。

　ヘリテージ・ツーリズムにおける文化遺産とそれが存在する地域のステーク
ホルダーの関係もまた，伝統的な 4Ps マーケティングにとって厄介な問題と
いえる。市場を介しての交換が想定しているのは，基本的に価値の送り手と受
け手の二者間関係である。文化遺産が存在する地域の住民は，必ずしも価値の
受け手となるわけではない一方，価値の送り手に関与してくる可能性を持つ。
伝統的な 4Ps マーケティングでは，価値の送り手と受け手という 2 つの変数
を考えるのが基本となるのに対して，ヘリテージ・ツーリズムの場合，文化遺
産が存在する地域のステークホルダーが，視野に入れておくべき変数として加
わってくるのである。

2　旧摩耶観光ホテルをめぐる厄介な問題

　1929年に神戸市灘区の摩耶山中で開業した旧摩耶観光ホテルは，曲面のある外壁や丸窓が特徴的な昭和初期のモダニズム建築で，「山の軍艦ホテル」という異名をとった。しかし，戦争や経営難により休業と営業再開を繰り返した末に，1993年閉鎖された。その後は解体されることもなく放置され，老朽化による荒廃が進むばかりだった（図表11-1）。

　ところが，廃墟ブームの到来とともに，映画撮影のロケーションに使われたこともあって，その独特の風情が全国の廃墟マニアを現地へ引き寄せることになった。廃墟マニアという自然発生的な観光客との相互関係から，旧摩耶観光ホテルの商品価値に逆転の兆しが表れたのである。ここに，市場を介しての交換で考えれば負の価値しかないはずのものにおいて，市場外のステークホルダーにより観光資源化の歯車が動きはじめるという厄介な問題をみることができる。

　この動きは，ほどなく足踏みを余儀なくされた。最寄りの摩耶ケーブル線「虹の駅」へ向かう出発点となる「摩耶ケーブル駅」の周辺が閑静な住宅街だったことが災いしたのである。廃墟マニアの急増による環境の変化に対して，住民が不満を募らせたばかりでなく，同ホテルの敷地内が立ち入り禁止区域になっているにもかかわらず，不法侵入者が絶えなかったことも，防犯・防災上の不安を住民の間に募らせた。同ホテルの所有者は日本サービス株式会社（本社：千葉県松戸市，以下，日本サービス）であったが，たまたま買収した会社の資産に同ホテルが含まれていたにすぎないという事情を抱えていた。警察や消防からの行政指導を繰り返し受けるうちに，同ホテルを取り壊すことを検討しはじめていた。ここに，市場を介しての交換とは無関係なステークホルダー，すなわち地域社会の受容なくして観光資源化が前に進むことはできないという厄介な問題をみることができる。

図表11-1　旧摩耶観光ホテルとその遠景

出所：旧摩耶観光ホテル保存プロジェクト[3]。

第3節　価値共創マーケティングの視点によるヘリテージ・ツーリズムの考察

1　4Cアプローチの視点から厄介な問題を読み解く

　負の商品価値からの逆転の兆しが表れたにもかかわらず，旧摩耶観光ホテルの観光資源化が足踏みを余儀なくされた厄介な問題に対して，伝統的な4Psマーケティングによるアプローチは限界がある。この厄介な問題をヘリテージマネージャーが解決していったプロセスには，ステークホルダーの生活世界への入り込みがみられる。

　村松［2017b］は，顧客の消費プロセスに入り込むことが価値共創マーケティングにとって重要であるとし，これを推進する枠組みとして，顧客とのcontact, communication, co-creation, および顧客にとってのvalue-in-contextから成る4Cアプローチの有用性を説く。そこで，旧摩耶観光ホテルをめぐる厄介な問題が解決されていったプロセスを，4Cアプローチの視点から読み解いていくことにする。

（1）　Contact：複数の専門性を持つ中立的な立場を強みとする

　歴史的に希少性の高い建造物や遺跡については，誰のものかという問題が浮上して，その保存や活用への関心が集まることが多い。ところが，近代以降の建造物や遺跡となると，その存在がそもそも知られていない上に，文化遺産としての価値も専門家やマニアにしか理解されないまま，放置されたり取り壊されたりする場合が少なくない。

　この状況を少しでも改善しようとする動きから生まれたのが，ヘリテージマネージャーである。その制度化の先駆けとなった兵庫県の事例（**図表11-2**）を紹介する文部科学省［2005］によると，「ヘリテージマネージャー（歴史文化遺産活用推進員）は，講習会を修了した建築士等が地域に眠る歴史的に価値ある建造物を発掘し，評価，修理，保存に当たるとともに，その積極的な活用により地域のまちづくりに活かすべく県の教育委員会や所有者に対して助言を行うものである」（文部科学省［2005］20頁）。兵庫県からはじまったヘリテージマネージャー養成の波は全国に拡大し，講習会の実施は43都道府県に及んでいる[4]。

　有限会社スタヂオ・カタリスト（本社：神戸市長田区，以下，スタヂオ・カタリスト）の代表取締役である松原永季氏は，ひょうごヘリテージ機構神戸の理事をつとめるヘリテージマネージャーの1人である。廃墟ブームの到来で，にわかに観光資源化の歯車が動きはじめた旧摩耶観光ホテルに，ヘリテージマネージャーとして松原氏は関与することになった。本事例は，松原氏からのインタビュー協力および提供資料に基づくものである。

　1995年に発生した阪神・淡路大震災は，神戸市灘区の摩耶地区にも多大な被害を及ぼした。釈迦の生母とされる摩耶夫人を本尊とする日本唯一の寺院である天上寺への参詣にも利用されていた摩耶ケーブル線（神戸すまいまちづくり公社が運営）も被災し，一時期休業を余儀なくされた。天上寺ばかりでなく地域住民の間でも営業再開を望む声が上がったが，神戸市は逆に廃業の意向を持っていた。

　松原氏はまちづくりコンサルタントとして摩耶地区の震災復興に関わってい

154

図表 11-2　ヘリテージマネージャーの制度化の先駆けとなった兵庫県の事例

兵庫県ヘリテージマネージャー養成講習会と「ひょうごヘリテージ機構 H²O」

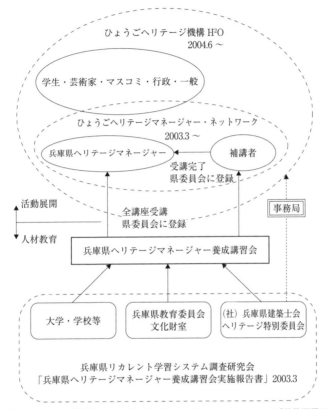

出所：「ひょうごヘリテージ機構」ウェブサイト（http://hyogoheritage.org/〔最終閲覧日：2020 年 5 月 1 日〕)。

たのであるが，天上寺および地域住民から相談され，摩耶ケーブル線の存続を神戸市に働きかける運動に関与することになった。松原氏が提案したのが，住民参加によるワークショップの実施である。そのねらいは，存続へ向けての住民側の努力を具体的に明らかにし，それをもとに単なる要望書でない提案書をまとめて神戸市に提出することだった。松原氏がボランティアで携わったワー

クショップの成果は，存続に向けての具体策を住民主体で議論する摩耶山再生の会（当時の呼称は，摩耶山再生会議）の発足という形で実を結んだ。任意団体としての発足ではあったが，当初から神戸市による活動支援が決まり，松原氏もアドバイザーとして神戸市から派遣される形となった。この時点で地域社会の関心は摩耶ケーブル線の存続および摩耶山上の活用にあり，旧摩耶観光ホテルの存在はその視野にかろうじて入っているにすぎなかった。

　松原氏がヘリテージマネージャーとして旧摩耶観光ホテルに関与することになったのは，産業遺産の記録・調査やヘリテージ・ツーリズムの実施を主な事業内容とする NPO 法人 J-heritage（事務局：神戸市灘区，以下，J-heritage）の総理事から相談を持ち込まれたことがきっかけである。J-heritage は，ヘリテージ・ツーリズムの資源性がある同ホテルの取り壊しを思い留まるよう日本サービスに働きかけていた。摩耶ケーブル線の存続に深く関わっているヘリテージマネージャーの存在を知って，松原氏に協力を求めたのである。ここに至って，廃墟マニアという自然発生的な観光客を代表する J-heritage および旧摩耶観光ホテルの所有者との接点が，松原氏との間に生まれることになる。

　旧摩耶観光ホテルをめぐる厄介な問題において対立するステークホルダーと個別に接点を持つことができたのは，松原氏が中立的な立場にあったからである。その中立的な立場を確保することができたのは，松原氏がヘリテージマネージャーであるとともにまちづくりコンサルタントでもあるという複数の専門性を持っていたからである。松原氏によると，ヘリテージマネージャーに寄せられる相談案件は県や市から入ってくる場合もあるが，その多くはヘリテージマネージャー個人が本業もしくはボランティアで携わっている活動のネットワークを通じて入ってくるという。厄介な問題をめぐるステークホルダーとの contact においては，複数の専門性が中立的な立場を確保する強みとなることを物語る。

(2)　Communication：ステークホルダー間の信頼関係を，着実に段階を追って形成する

　摩耶山再生の会にアドバイザーとして神戸市から派遣されていた松原氏にとって，旧摩耶観光ホテルの観光資源化は，地域住民への配慮が問われる問題であり，その対応に慎重を期する必要があった。そのため，J-heritage との議論に初期段階から地域住民の代表者を加え，両者間の信頼関係を形成することからはじめた。次に日本サービスを参加させて，同様に地域住民の代表者との間における信頼関係の形成に努めた。松原氏を含む4者間の信頼関係が形成されたところで，はじめて同ホテルの観光資源化に向けての合意形成に移り，その合意内容について地域住民の代表者が摩耶山再生の会から承認を取り付けたうえで，神戸市観光課に相談する手順を踏んだ。最終的には神戸市を加えた5者で，ヘリテージ・ツーリズムの視点から同ホテルの観光資源化を検討することになった。

　ヘリテージマネージャーがステークホルダーと個別に接点を持つだけでは，ステークホルダー間の対話が進まないことはいうまでもない。信頼の伴わない関係において，対話は続かない。J-heritage と地域住民との間における信頼関係を，まずその代表者という個人のレベルから形成しようとした点に，松原氏の工夫がみられる。それぞれが属する団体が対立していても，個人間で信頼関係を築くことは可能だからである。その信頼関係は，日本サービスへと少しずつ広げられていく。こうして主要なステークホルダーの間に信頼関係が形成されるまで，旧摩耶観光ホテルの観光資源化について本格的な議論がはじめられることはなかった。地域住民の代表者を通じて摩耶山再生の会を巻き込んだ合意内容をもって神戸市に相談する手順を踏んだところに，松原氏の慎重さがうかがわれる。厄介な問題をめぐるステークホルダーとの communication においては，ステークホルダー間の信頼関係を，着実に段階を追って形成することが肝要であることを物語る。

（3）　Co-creation：ステークホルダーに乏しい資源を補う

　旧摩耶観光ホテルの観光資源化を議論する前に解決しておかなくてはならなかったのが，警察や消防から繰り返し行政指導を受けていた不法侵入対策である。加えて，観光客を受け入れるにあたっての安全確保も課題として残されていた。この2つの課題の解決策を神戸市が納得できる形で提案する中心的な役割を，一級建築士である松原氏が担うことになった。

　不法侵入対策および安全確保に伴って発生する費用が問題となった。J-heritage からクラウドファンディングの提案があり，その実施が検討されることになったものの，日本サービスからの出資に頼らざるを得ないことに変わりはなかった。神戸市を納得させる必要があった解決策の提案は，同時に日本サービスも納得させるものでなくてはならなかった。屋上防水工事をはじめとする建造物の劣化防止策，バリケード柵や民間セキュリティシステムの導入等の不法侵入防止策，地域主体の見回り，観光経路の整備という大きく4つの解決策がまとめられ，併せてクラウドファンディングも見込んだ費用見積が日本サービスの了解を得たうえで，神戸市に対して提案された。神戸市の回答は，不法侵入対策について改善が認められるものの，観光客を受け入れるにあたっての安全確保については不十分とする見解だった。

　そこで松原氏が提案したのが，観光目的としては建物の外観を見せるだけにとどめる一方，調査目的による建物の内覧を認めてもらえないかというものだった。この両建ての提案に対し，神戸市は，摩耶山再生の会に対する活動支援の一環として，観光目的のツアーを公認した。一方，調査目的のツアーについては，クラウドファンディングを前提とした活動として認めることにした。松原氏によると，クラウドファンディングの成果は目標の 500 万円を 200 万円以上も上回る金額に及び，摩耶山再生の会に対しても神戸市から 300 万円の予算がついた。調査目的のツアーについては，観光目的のツアーと異なり，ガイド役として専門家が求められた。そこで，松原氏は自ら属するひょうごヘリテージ機構神戸の事業とすることにした。松原氏によると，廃墟の文化財登録につながる試みとして，ひょうごヘリテージ機構神戸からも関心を持ってもら

うことができたという。

　不法侵入対策について神戸市と日本サービスの両者から納得を得られる提案を可能にしたのは，松原氏の一級建築士としてのスキルである。観光客を受け入れるにあたっての安全確保に難色を示した神戸市に対して，観光目的で建物の外観だけを見せるツアーと調査目的で建物の内覧を行うツアーとの両建てを提案することができたのは，松原氏のヘリテージマネージャーとしてのスキルである。また，ガイド役として専門家が求められた調査目的のツアーをひょうごヘリテージ機構神戸の事業とすることを可能にしたのは，松原氏のヘリテージマネージャーとしてのネットワークである。厄介な問題をめぐるステークホルダーとの co-creation においては，ステークホルダーに乏しい資源をいかにして補うかが鍵を握ることを物語る。

(4)　Value-in-context：ステークホルダーの生活世界における文脈価値の形成

　観光目的のツアーは「マヤ遺跡ガイドウォーク」として，摩耶山再生の会が2017 年から運営することになり，今日に至るまでほぼ毎月のように開催されている。それに留まらず，摩耶地区の住民は，旧摩耶観光ホテルをはじめとする摩耶山一帯の観光資源化に主体的に取り組む動きを見せた。摩耶山を楽しむポータルサイト mayasan.jp を柱に，「マヤ遺跡ガイドウォーク」をはじめ，市民による趣味や教室の活動舞台として摩耶山を利用してもらう「マヤカツ」，摩耶山一帯の情報を毎月カレンダー形式で紹介する「マヤ暦」(図表 11-3)等，手づくり感あふれる活動がみられる。摩耶ケーブル線の存続に向けての具体策を住民主体で議論する場として発足した摩耶山再生の会が，旧摩耶観光ホテルをはじめとする摩耶山一帯の観光資源化に取り組む主体となったのである。ここに，地域住民の生活世界における文脈価値の形成をみることができる。

　調査目的のツアーは期限付きである。文化財登録の申請において前例のない廃墟にあたる旧摩耶観光ホテルの価値をどのように評価すべきなのか，あるいは観光目的による建物の内覧を可能にするために観光客の安全をどのように確

図表 11-3　地域住民が主体となった観光資源化の取組みの一例「マヤ暦」

出所：「摩耶山を楽しむポータルサイト」（https://www.mayasan.jp/〔最終閲覧日：2020 年 5 月 1 日〕）。

保できるのかについて，答えを出さなくてはならないからである。その答えいかんによっては，廃墟マニアという自然発生的な観光客の生活世界において文脈価値が形成される可能性が異なってくる。

2　価値共創マーケティングの視点から見えてくること

　旧摩耶観光ホテルは，市場を介した交換に基づく伝統的な 4Ps マーケティングの視点に立てば，負の商品価値でしかない烙印を押されることになる。そこから新たに観光資源化の歯車をヘリテージマネージャーが回していった逆転のプロセスを振り返ると，価値共創マーケティングの主要概念が厄介な問題を解く鍵となっていることがわかる。

160

　まず，価値の決定者は顧客であることを挙げることができる。旧摩耶観光ホテルに新たな観光資源化の兆しを与えたのは，廃墟マニアという自然発生的な観光客である。次に，市場を介した交換が捉える視野の外にある生活世界における直接的相互作用を挙げることができる。歯車が回りはじめたかに見えた観光資源化を足踏みさせたのは，地域社会である。彼らは必ずしも価値の受け手となるわけではなく，価値の送り手に関与してくる可能性を持つ。彼らの動きは，その生活世界の文脈に従う。そこで，彼らとの直接的相互作用において重要となるのが，村松［2017b］の指摘する意志と能力の問題[5]である。その重要性をヘリテージマネージャーが認識していたことは，着実に段階を追った信頼関係の形成や，ステークホルダーに乏しい資源の補完にみることができる。

第 4 節　おわりに

　本章は，廃墟マニアや地域住民の生活世界への入り込みが，ヘリテージ・ツーリズムをめぐる厄介な問題をどのように解決していったのかについて，4C アプローチの視点から読み解くことができることを明らかにした。contact からみると，まちづくりコンサルタントとしての専門性が摩耶地区の住民に対して，ヘリテージマネージャーとしての専門性が J-heritage および日本サービスに対して，それぞれ中立的な立場を確保する強みとなり，それぞれのステークホルダーと松原氏が接点を持つことを容易にしたことがいえる。communication からみると，松原氏は，対立するステークホルダー間の信頼関係を，それぞれの代表者という個人のレベルから着実に段階を追って形成し，旧摩耶観光ホテルの観光資源化について本格的な議論をはじめるタイミングを慎重に見極めようとしたことがいえる。co-creation からみると，観光目的と調査目的という両建てのツアーの提案をはじめ，松原氏ならではの一級建築士あるいはヘリテージマネージャーとしてのスキルやネットワークを駆使して，他のステークホルダーに乏しい資源を補ったことがいえる。value-in-context からみると，摩耶地区の住民が，当初は摩耶ケーブル線の存続に主な関心があったにすぎなかったのに対し，観光目的のツアーの運営を活動の一環として柔軟に実行することができるほど，旧摩耶観光ホテルをはじめとする摩耶山一帯の観光資源化に主体的に取り組むようになったことがいえる。

　ヘリテージ・ツーリズムは，伝統的な4Psマーケティングからのアプローチに限界がある厄介な問題をはらむが，その解決プロセスを読み解く本章の試みを通じて，多様なステークホルダーの存在を視野に入れておかなくてはならない今日のマーケティングが直面する厄介な問題についても，4Cアプローチの視点が有効である可能性を示すことができたのではないかと考える。

　今後の研究課題にもふれておきたい。本章で取り上げた事例においては，対立するステークホルダーの間で中立的な立場を強みとするヘリテージマネージャーの存在が大きい。ヘリテージ・ツーリズム以外の厄介な問題において，同様に中立的な立場を強みとする存在がどのようにみられるのか，そのような存在がみられる場合，厄介な問題を解決していくプロセスが4Cアプローチの視点からどのように読み解くことができるのかについて，明らかにする必要がある。以上を今後の研究課題として，多様なステークホルダーの存在を視野に入れておかなくてはならない厄介な問題，およびその解決の視点としての4Cアプローチに関する議論を深めていきたいと考える。

謝辞
　本研究の事例について，松原永季氏（有限会社スタヂオ・カタリスト代表取締役）には，インタビューへのご協力と関連資料のご提供をいただきました。この場を借りて深く御礼申し上げます。

注
(1)　「マーケティングは米国で生まれ，いわゆるモノに軸足を置き，その展開は4Psのもとになされてきた」（村松［2017b］9頁）。村松［2017b］によれば，4Psとはマーティング・マネジメントが統制可能とする4つの要素であり，その最適な組合せ（マーケティング・ミックス）が希求されてきた。
(2)　観光資源は「観光に利用するために，人びとの働きかけの対象になり得る地域の要素」

162

（森重［2012］114頁）とされる。

(3)　「READYFOR（クラウドファンディングサイト）」ウェブサイト（https://readyfor.jp/projects/mayakankohotel〔最終閲覧日：2020年5月1日〕）。

(4)　「ひょうごヘリテージ機構」ウェブサイト（https://hyogoheritage.org/〔2020年5月1日〕）。

(5)　「価値共創はS-Dロジックが示してきた能力（ナレッジ・スキル）だけでなく，意志の問題が存在することを忘れてはならない。そして，そうした顧客の意志に応じるのもまた企業の意志であり，企業は自社のナレッジ・スキルをもとにどのような顧客とどのような価値共創を行うかを決めることになる」（村松［2017b］14頁）。

（宮脇　靖典）

第12章　ソニックガーデン

価値共創に基づくリレーションシップと組織文化

第1節　はじめに

　近年，SaaS（Software as a Service）の普及によって，ソフトウェア・ビジネスの潮流は，「所有から利用」に変化しつつある（足立ほか［2011］; 岩本［2010］; 瀬川［2014］）。ソフトウェア利用のサポートはビジネスの前提であり，使い続けることを支援するサービスが増えている。特に，クラウドコンピューティングの普及に伴い，パソコン上のアプリケーションやデータ利用に留まらなくなっている。ウェブ経由でアプリケーションやデータを利用するようになり，ソフトウェアを所有しダウンロードしなければ利用できないという考え方すら変わりつつある。

　これまで日本では，企業内部の情報システムの構築を，主にシステム・インテグレータ（以下，SIer）が担ってきた。この業界においては，多数の開発者たち（エンジニア）を雇用するのが一般的である。その理由に，提供するソフトウェアが複雑であればあるほど，開発に向けた問題解決が多岐に渡るという背景がある。安定したシステムの稼働は信頼獲得のために重要であり，十分なサポート体制を持たなければならない。ソフトウェアは有形財と異なり，生産において原材料などを必要としないものの，開発のための知識や技術・経験といった資源を持たなくてはならない。受注された段階でコストは生じており，それを上回る収益を見込む必要がある。すると，顧客にはシステム導入時に，十分な初期投資を求めることになる。これが，開発者が事前に価値を規定する根拠となっている。

この既存の体制を SIer が維持しようとすれば，構造転換は生じない。それに伴い，所有を訴求する伝統的な 4Ps のアプローチが適用される。SIer は提供するソフトウェアの価値を規定し，売ろうとすることに変わりはない。ところが，このことを問題視する企業が出現する。独自のビジネスモデルによって顧客とともにソフトウェア活用を推進しようとするのが，株式会社ソニックガーデン（以下，ソニックガーデン）である。そこで，本章では同社の実践を村松［2015a］が示す 4C アプローチの視点で紐解きながら，4Ps とは異なるマーケティングが展開されてきたことを確認する。

第２節　ソニックガーデンに注目する理由

1　企業概要

　ソニックガーデンは，2011 年に創業したソフトウェア開発を主たる事業とする IT 企業である（**図表 12-1**）。アジャイル開発やオープンソース化などに関心を持つ倉貫義人氏らが，当時所属していた企業における社内ベンチャーを

図表 12-1　ソニックガーデンの企業概要

項目	事項
会社名	株式会社ソニックガーデン（SonicGarden Inc.)
所在地	東京都世田谷区奥沢 7-5-13
設立	2011 年 7 月 1 日（創業は 2009 年 5 月 1 日）
代表者	代表取締役社長　倉貫義人
事業内容	クラウドで動くウェブアプリケーションの受託開発 オリジナルブランドのソフトウェアの提供 コンサルティング・社員教育および，講演・執筆など

出所：「ソニックガーデン」ウェブサイト（最終閲覧日：2020 年 7 月 6 日）。

166

MBO するかたちで創業した。

　同社は，ソフトウェアの開発者と依頼者との関係の捉え方から解釈を改めて
いく。一般に，オリジナルなソフトウェアを開発しようとする際には，ソフト
ウェアの仕様を決める必要がある（要件定義[1]）。そのうえで，開発に必要な
エンジニアの人数と時間をコストとして算出し，導入までの時間を示すととも
に見積書ができあがる。

　しかしながら，見積書が示される前に顧客が説明した要件と仕様に盛り込ま
れた内容が合致するとは限らない。少なくとも，プロジェクトリーダーとの間
に齟齬が生じていた場合，それは無自覚なままアナリストに伝えられ，そして
プログラマによるコーディング作業が進められる。このことに気づかないまま
営業担当者が説明し約束すると，開発者と依頼者の溝は埋まらず，顧客にとっ
て思いがけないソフトウェアが生まれることになる。

　他方，依頼者にとってすべての仕様を事前に決めるのは難しいほか，使って
みないとわからないことは少なくない。当初の依頼には空想や予想が含まれて
いる可能性もあり，実現可能性がどの程度なのかわからないまま，依頼してい
ることもある。しかしながら，予算の枠内で対応できるのであれば問題ないと
判断して仕様を決めなければならないため，最終的に何をどこまで依頼するの
か，明確にできないまま仕様を決める判断に迫られる。いつの間にか，開発者
と依頼者は，ソフトウェアを一緒に考えていくというよりも，対峙的な関係に
なる。開発者は要件どおりに構築することを重視してしまう。これを同社は
「ディフェンシブな開発[2]」が生まれるメカニズムだとし，利益を出すための
「ディフェンス」を問題視する。

　近年のクラウドコンピューティングの普及は，同社の姿勢を後押しする。ソ
フトウェアのスムーズな利用はますます注目され，むしろ利用への積極的な対
応や，それによって生じる結果自体にも，開発者は関心を向ける必要がある。
そこで，開発者と依頼者を新たな関係として位置づけることで，「ディフェン
シブな開発」を脱し，友好的で長期に及ぶ関係を構築する。本章では，このこ
とがどのように推進されていくのかに注目することで，4C アプローチで読み

解くことの意義を示すことを試みる。

2 事例研究のための先行研究の整理

　ところで，SaaS の普及によって，ソフトウェア・ビジネスの潮流は，「所有から利用」に変化しつつあるものの，SIer のビジネスモデルは，4Ps のアプローチと親和性の高いものが多かった。ただし，その限界や課題も示されている。山平［2018］はデジタルビジネス・トランスフォーメーションの進展によって，ソフトウェア開発は企業単独の取組みが限界に達しているという。むしろほかの組織と協働し連携することによって，単独の組織や企業ではつくり出せない価値を，他の企業や組織と一緒になってつくり出すことが重要だと指摘する。情報サービス産業協会編［2012］は，利用者がサービスを意識するのは利用の局面でありながら，SIer はこのことに無関心だったことを問題視している。これは，SIer の業界においてシステム開発・運用を現実に支えてきた企業が，労働集約，多重下請構造，顧客従属といった構造を有していたからでもある。サービスを提供するという自覚は，今日まで抱えてきた課題に挑戦し，新たなビジネスを自らで創出する好機でもある。

　しかしながら，労働集約や多重下請構造，そして顧客従属を維持しようとすれば，構造転換は生じない。自ずと，利用より所有を訴求する伝統的な 4Ps のアプローチが適用されるといえる。現状のままでは限界や課題を打破することにならず，新たなマーケティングのアプローチが導入されることもない。いくらソフトウェア開発を複数の企業が手がけてもなお，事前に価値を規定する取組みに違いはない。こうした問題に対し，ソニックガーデンは，ソフトウェアの開発者と依頼者の立場の違いから捉え方を転換させていく。そこで，同社はどのように転換を推進したのかについて，明らかにしていく。

第3節　事例研究—「納品のない受託開発」という挑戦—

1　Point of Sales から Point of Use へ

　一般的なソフトウェア開発における受託開発は, **図表 12-2** の Point of Sales のモデルだといえる。購買の時点において仕様が達成され, 開発者は依頼者から対価を得る。依頼者は無形とはいえ固定資産を取得するため, その後決算時に償却という形で, 費用計上し実質的に資産価値は目減りする。

　これに対しソニックガーデンが展開するのは, Point of Use のモデルである。導入時を最高品質と捉えないことで成立する。むしろ, 事業の成長に合わせて改修する必要があるであろうし, 長期的視野に立った経営の視点抜きにソ

図表 12-2　Point of Sales から Point of Use へ

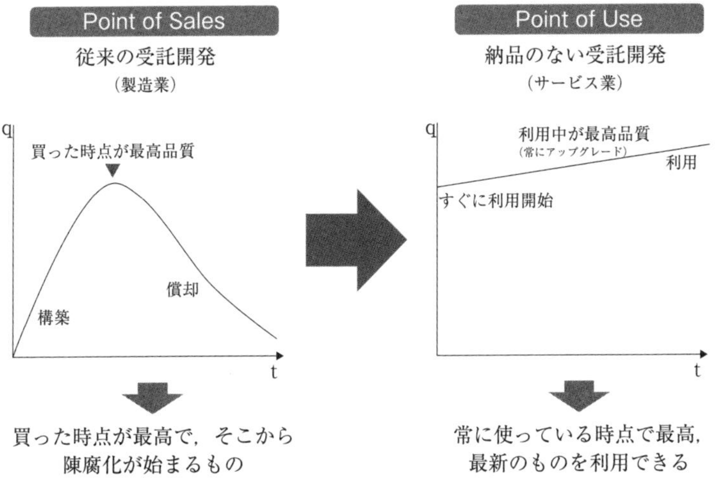

出所：西見氏提供資料。

169

フトウェアの活用は見通せない。また，クライアント企業が独自にカスタマイズしようにも，エンジニアの内製化は採用と育成が困難でもあるため，顧客ニーズに沿った継続的な対応が重要になる。

2 軽視される利用時の価値

Point of Sales と Point of Use の最大の違いは，Point of Sales のままでは，開発者と依頼者でゴールが異なることである。Point of Sales の場合，ソフトウェア導入時に利用のすべてを反映させようとしてしまう。なぜなら，事後の修正を前提としないからであり，だからこそ Point of Sales をピークとして，できる限り要求を詰め込もうとする。このとき，生産性が低いものほど見積額は高くなり，依頼者の負担は大きくなる。これは，依頼者にとって購買がソフトウェア利用の起点だと捉えているのに対し，開発者にとって購買はゴールだと捉えているからこそ生じる問題だといえる。

つまり，開発者がソフトウェアの利活用における価値に関心を持っていても，できる限り購買時点で問題を解決してしまおうとするがために，利活用の場面を十分に想定できないまま要件定義を確立しなければならない。こうした問題が，Point of Sales の場合は未解決のままになってしまう。結果として，依頼者との取引は利用時の価値よりも，導入前の要件定義の重視を規定してしまい，利用時の価値が軽視されてしまうのである。

3 直接相談できるエンジニアの起用

Point of Use を前提とすることで，開発者は依頼者からの仕様変更を受け付け，直接相談することで，事前の要件定義は不要になる。実現したいことは，要件定義に盛り込み実装しなくとも，事前にエンジニアに相談し，できることとできないことを共通理解すればよい。このとき，開発者とりわけエンジニアは，顧客の問題解決を仕事にするという自覚が必要になる。一般的な SIer は

営業担当者とエンジニアが分業するが，それとは違い，ソニックガーデンは営業担当者がいない。エンジニアがテレビ会議などを用いて依頼者の要求を聞き，依頼者のビジネスの成長を可能にするシステムの運用を，一緒に考え行動していく。こうすることで，圧倒的な費用対効果を実現できるようになった。

　ソフトウェア開発を最初から周到に進めるのは難しい。クライアント企業の要求どおりにつくればうまくいく訳ではない。進め方に正解がある訳でもない。そもそも利用時の価値を最初から想定することはできないのだから，正解を特定するビジネスではない。こう考えたとき，開発者も一緒にビジネスの成長を考えることが大切であり，その中にソフトウェア開発を位置づけることが求められる。何といっても，クライアント企業の歩みとともに企業活動を位置づける必要がある。こうした理解に基づいて行動できるエンジニアを育成しながら，同社は依頼者との特徴的なリレーションシップを形成していく。

第4節　4Cアプローチにみる顧客とのリレーションシップ

　これまでの検討から明らかなのは，収益獲得の視点が販売から利用に移行していることである。ソニックガーデンの実践において重要なのは，重視するポイントの移行に留まらないところにある。なぜなら，ソフトウェア利用に向けた顧客の意志や能力を捉えない限り，企業がどのように関与できるかが見通せないからである。さて，顧客の意思や能力と開発者による関与をどのように考察できるだろうか。以下，4Cアプローチを用いて検討する。

1　Point of Sales から Point of Use の企業活動へ―Contact の重視―

　村松［2015a］は価値共創の仕組みを，サービスの「受け手の顧客が与え手の企業にサービスを求めることから始ま」ると指摘する（137頁）。Point of

Use の企業活動にとって，顧客との接点（contact）はサービスによるリレーションシップの起点にすぎない。しかしながら，顧客との接点は相互作用そのものであり（communication），価値の共創を目的としたリレーションシップのはじまりである（co-creation）。さらに，企業と顧客とのリレーションシップによるコンテクストがもたらす価値こそ，value-in-context であろう。

　Point of Sales を前提に企業活動を展開するソフトウェア開発企業の場合，Point of Sales に関心が向けられ，そこに成果を意識した組織文化が存在するであろう（**図表 12-3**）。これに対し Point of Use を前提にした企業活動は，顧客との接点からはじまるサービスによるリレーションシップに主眼が置かれる。つまり，価値共創をいかに企業活動の中心に位置づけることができるかが問われており，それは企業単独では実現しない。絶えず顧客とのリレーションシップの中でこのことを意識する必要があり，このこと自体が組織文化だといえる（**図表 12-4**）。

図表 12-3　Point of Sales を前提とした企業活動

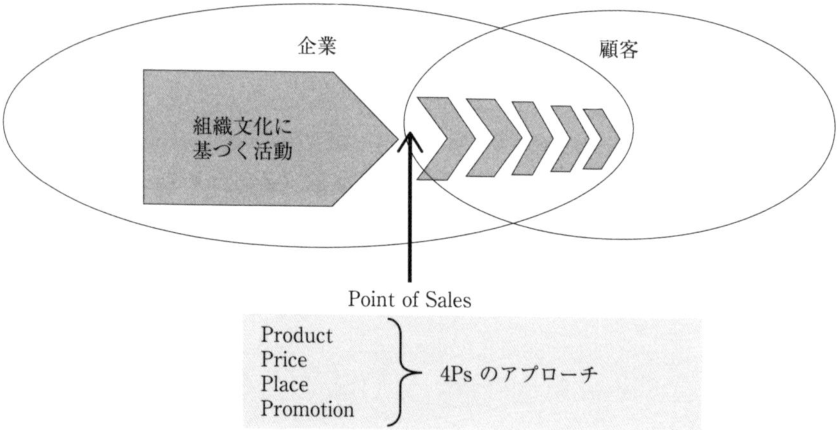

出所：村松［2015a］に筆者加筆。

図表 12–4　Point of Use を前提とした企業活動

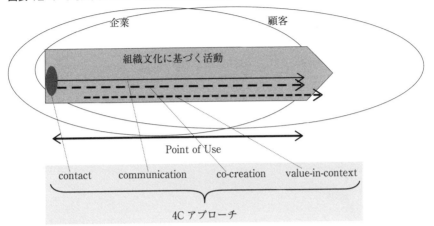

出所：村松［2015a］に筆者加筆。

2　相互作用の重視（Communication）

　ところで，依頼者たる顧客との関係構築をどのように推進するのだろうか。ソニックガーデンは，担当するシステム・エンジニア自身が顧客のビジネスやその背景をよく理解したうえで，どのようなソフトウェアの導入や活用をはじめていくのか，じっくりと時間をかけて対応するという。2〜3か月から，長ければ半年以上に渡り，何をどのように実践していくのかを考えていく。同社ではこのことを「結婚」と呼んでいる。片思いでは成立せず，両者はつらく苦しいときもともに歩むことが求められる。そうした手応えとともに，クライアント企業との関係が生まれていくといえる。顧客の意志や能力をどのように理解して関与し得るのか慎重に対応する様子が，同社の実践に示されている。

3 共創（Co-creation）

　ソニックガーデンのシステム提供においては，顧客との接点を有するエンジニアに権限が委譲される。それとともに，顧客に意志や能力を求めており，それが企業にも共有されることで機能する。つまり，顧客の意志や能力が言語化され，説明されることで，企業ははじめて顧客の意思や能力に寄り添うことができる。エンジニアは顧客の意志や能力を反映することも職責であり，このことを踏まえた行動を求めている。

　IT の世界にもセカンドオピニオンが存在してあたりまえの時代を迎えている。今日，顧客たる依頼者を含むあらゆるクライアント企業が，複数のソフトウェア開発企業と関係を持ち，様々なソフトウェアを利活用している。このような局面においては，ソフトウェア開発企業の思惑による囲い込みが成立しないばかりか，より合理的で効率的なソフトウェアの導入が求められる。当然，安易な顧客の囲い込みは不可能になる。ソフトウェアを提供する企業は，より俯瞰的な視点でソフトウェアの開発や運用を捉えるべきであり，一方で顧客の意志や能力を捉えながら，ともに未来を展望する力を持たなければならないといえる。ここでいう未来を展望する力とは，同社のエンジニアに必要な能力のことであり，それは意志が動機となって機能する。エンジニアにこうした意志や能力が備っていなければ，同社の実践は結実しないであろう。ここに，企業における特徴的な組織文化が説明できる。

4 文脈価値（Value-in-context）

　長期に及ぶソフトウェアの活用において，企業と顧客との関係にゆらぎはないのだろうか。両者はともに長期のビジョンに立ったシステムの開発と運用に注力しなければならない。企業と顧客とのリレーションシップにマンネリがあってはいけない。このことについてもソニックガーデンは独自の視点を持

つ。一緒にビジネスの成長を志向するはずの同社が，顧客が「主」，企業が「従」の関係になったのでは，企業の役割が機能しない。こうした状況こそマンネリを象徴しており，そんなときこそ，顧客とともに過去を振り返りながら，それぞれの立場を再認識する機会を設けるという。過去を振り返りながら，どのような軌道修正が必要なのかを双方で確認することで，今後すべきことを展望できる。こうした機会を適切に確保しながら関係を重視することで，同社のビジネスモデルはしっかり機能していくという。つまり，顧客が求める価値は両者がともに認識する機会があり，それがまた，未来に向けた関係の必然として自覚されることで，次の挑戦を見通すことができる。

　これは，顧客の意志や能力を絶えず認識することが，企業側に備わっていなければならないことを意味している。文脈価値への関与が，変化する顧客の意志や能力を的確に捉え，ソフトウェア利用のさまざまな可能性を前提にした提案が不可欠になる。それを可能にすることこそ，企業が備えるべき能力であり，それは意志を動機として行動に表出する。何より，このことを前提とする組織文化が醸成できない限り，Point of Use を重視した企業活動など展開できないといえる。

第5節　おわりに

　ソニックガーデンの実践は，まさに4C アプローチに基づくものだといえる。同社は明らかに4Ps と異なるアプローチを採用している。このことを明確にするのは，顧客と企業が対峙的な関係にあるとし，利益を出すための「ディフェンス」にならないビジネスへの転換を志向している点である（contact の重視）。これが，顧客と直接相談できるエンジニアを起用することにつながり相互作用を増加させていく（communication）。それによって，ソフトウェアの利用時の価値への注目を重視することにつながり（co-creation），顧客との特徴的なリレーションシップを形成している。そこに両者が育む価値

（value-in-context）があることを考えれば，それは 4Ps のアプローチのように，製品を販売することとはまったく異なる視点で，ビジネスが機能しているといえる。ここに，4C は利用を主眼としたアプローチであることが説明できる。

　本事例に依拠しながら 4Ps と 4C アプローチを比較すると，4Ps は Point of Sales における方法であり，到達点は Point of Sales にある。それに対し 4C アプローチは，contact が極めて重要な意味を持つことが理解できる。同社は，相互作用を想定して慎重に関係を確立している。これは，①エンジニアに権限を委譲することに重きを置くだけでなく，②顧客の意志や能力を求める姿勢を問い，③共創に必要な資源の開発や整備を意識するからであろう。とりわけ①〜③を検討するうえで重要なのは未来志向だといえる。なぜなら，contact 以外の３つの C は現時点より先に生じる事柄であり，今後直面する出来事とともに認識されるからである。次々に直面する現実とともに①〜③が実践されるが，未来志向を共有して行動できれば，思いがけない問題は少なくなるであろう。企業にとって重要な③も，的確な見通しによって意義を認識できるといえる。

　Point of Use を前提に contact を位置づけ，長期に渡って相互作用の可能性を模索する。これがオーダーメード型のソフトウェア供給を可能にするばかりか，ゆらぎを超えて機能するリレーションシップの中で利用時の価値は何度も意識される。ただし，リレーションシップがもたらす価値は事前に規定できない。そのため，顧客の意志や能力を的確に捉える努力がゆらぎを克服する努力が必要になる。それは企業のあり方の再認識にも及ぶ。

　このように考えたとき，①を前提とする組織文化が重要なだけでなく，エンジニアが未来志向で行動できるか，②や③を的確に捉えた実践を可能にするための基盤があるかなどが，企業に求められるといえる。つまり，エンジニアの自立とそれをサポートする体制が組織にあり，さらに同社が提供するサービスのシーズは未来志向でさまざま用意されてこそ，特徴的な資源の開発や整備が可能になってく。

　4C アプローチを機能させるための，特徴的な組織文化の醸成は不可欠である。それは，絶えずソフトウェア活用の意義を，企業と顧客の両者で問い続けるための基盤だからである。ソフトウェア活用の背景を理解した行動が企業側に求められるほか，価値共創に必要なサービスの提供はダイナミックに変化していく。要するに，同社における価値共創マーケティングはソフトウェア活用を通じた顧客のビジネス全体に及び，さまざまな可能性を模索することにある。

　本章では，4C アプローチに沿ってソニックガーデンの事例を検討した。この 4C アプローチは，4Ps のような方法論と異なるだけでなく，組織文化とともに機能するばかりか，4C アプローチを採用する企業の収益構造にも違いがある。それは，市場シェアの拡大を志向し，購買時に成果を獲得しようとする 4Ps のアプローチとねらいが異なる，サービスの利活用の場に主軸を置いた新しいマーケティングなのである。4C アプローチの適用は，同社のような意志と能力を備えた組織によって実行されるものだといえる。

《インタビュー調査》
・2018 年 10 月 22 日　株式会社ソニックガーデン（於　東京都世田谷区）取締役　西見公宏氏
・2019 年 3 月 16 日　報告「納品のない受託開発はなぜ今の世の中に求められるのか」（日本マーケティング学会　第 29 回価値共創型マーケティング研究会，於　青山学院大学）

注
(1)　ソフトウェアの開発に入る前に，実装すべき機能や満たすべき性能を明確に定めることをいう。
(2)　これは，創業者の倉貫氏が自社の実践を説明するうえで用いた語である。ソフトウェア業界における受託開発の一般的なビジネスモデルが，ソフトウェア導入時に事前に予定した仕様を反映させ，「納品」を目指す一括請負という開発体制を，保守的，守りの姿勢だと捉え「ディフェンシブな開発」と指摘する（倉貫［2014］22 頁）。

（今村　一真）

参考文献

〈外国語文献〉

Bowen, D.E and Lawler III, E.E. [1992] "The Empowerment of Service Workers: What, Why, How and When." *Sloan Management Review*, Spring, pp.31-39.

Fisk, G. [1967] *Marketing Systems: An Introductory Analysis*, Harper & Row.

Fisk, R.P., Grove, S.J. and John, J. [2004] *Interactive Service Marketing, 2ed.* Houghton Mifflin Company. (小川孔輔・戸谷圭子監訳 [2005]『サービス・マーケティング入門』法政大学出版局。)

Grönroos, C. [2006] "Adopting a Service Logic for Marketing," *Marketing Theory*, Vol.6, No.3, pp.317-333.

Grönroos, C. [2007a] *Service Management and Marketing: Customer Management in Service Competition, 3ed.* John Wiley & Sons Limited. (近藤宏一監訳・蒲生智哉訳 [2013]『北欧型サービス思考のマネジメント』ミネルヴァ書房。)

Grönroos, C. [2007b] *In Search of a New Logic for Marketing Foundations of Contemporary Theory.* John Wiley & Sons. (蒲生智哉訳 [2015]『サービス・ロジックによる現代マーケティング理論 – 消費プロセスにおける価値共創へのノルディック学派アプローチ –』白桃書房。)

Grönroos, C. and P. Voima [2013] "Critical Service Logic: Making Sense of Value Creation and Co-creation," *Journal of the Academy of Marketing Science*, Vol.41, No.2, pp.133-150.

Grönroos, C. and J. Gummerus [2014] "The Service Revolution and its Marketing Implications: Service Logic vs Service-Dominant Logic," *Managing Service Quality*, Vol.24, No.3, pp.206-229.

Heinonen, K. and T. Strandvik [2015] "Customer–Dominant Logic: Foundation and Implications," *Journal of Services Marketing*, Vol. 29, No.6/7, pp.472-484.

Kim, J.Y., M. Natter and M. Spann [2009] "Pay What You Want: A New Participative Pricing Mechanism," *Journal of Marketing*, Vol.73, No.1, pp.44-58.

Knee, D. and D. Walters [1985] *Strategy in Retailing : Theory and Application*, Philip Allan Publishers. (小西滋人・上埜進・武内成訳 [1989]『戦略小売経営』同文舘出版。)

Lazer, W. and E.J. Kelley [1961] "The Retailing Mix: Planning and Management," *Journal of Retailing*, Vol.37, No.1, pp.34-41.

Lazer, W. and E.J. Kelly eds. [1973] *Social Marketing: Perspectives and Viewpoints*, Richard D. Irwin.

McCarthy, E. J. [1960] *Basic Marketing: A Managerial Approach*, Richard D. Irwin.

Rittel, H. W. and M. M. Webber [1973] "Dilemmas in a General Theory of Planning," *Policy Sciences*, Vol.4, No.2, pp.155-169.

Vandermerwe, S. and J. Rada [1988] "Servitization of Business: Adding Value by Adding Services," *European Management Journal*, Vol. 6, No.4, pp.314-324.

Vargo, S.L. and R.F. Lusch [2004] "Evolving to a New Dominant Logic for Marketing," *Journal of Marketing*, Vol.68, No.1, pp.1-17.

Waterschoot van, W. and C. van den Bulte [1992] "The 4P Classification of the Marketing Mix Revised," *Journal of Marketing*, Vol.56, No.4, pp.83-93.

〈日本語文献〉

足立哲朗・田口謙太郎・吉田貴宏・木内英紀［2011］「SaaS（Software as a Service）ビジネスにおける運営管理方式に関する考察」（経営情報学会 2011 年秋季全国研究発表大会予稿集）。

今村一真［2016］「消費プロセスの接続に向けた直接的相互作用促進の意義」（日本消費経済学会中国・四国部会発表資料）。

岩本のぞみ［2010］「SaaS 市場のエコシステム（生態系）と日本ユニシスの役割」『UNISYS TECHNOLOGY REVIEW』（日本ユニシス）第 103 号，417-429 頁。

大橋正彦［1994］「小売ミックスにおける諸問題とその検証」『大阪商業大学論集』第 99 号，83-105 頁。

奥村宏［2012］『パナソニックは終わるのか』東洋経済新報社。

小野晃典・菊盛真衣［2018］「独自性欲求が口コミ発信行動に及ぼす影響」『マーケティングジャーナル』第 39 巻 3 号。

川上昌直［2019］『「つながり」の創り方』東洋経済新報社。

倉貫義人［2014］『「納品」をなくせばうまくいく―ソフトウェア業界の"常識"を変えるビジネスモデル―』日本実業出版社。

坂口孝則［2018］『ドン・キホーテだけがなぜ強いのか』PHP 研究所。

清水滋［1998］『大型店のマーケティング』同文舘出版。

（一社）情報サービス産業協会編［2012］「新たなビジネスモデルの創造に向けた改革への取組―サービスビジネスへの挑戦事例―」。

スコット・ベトベリ［2002］『なぜみんなスターバックスに行きたがるのか』講談社。

住谷宏［2009］『現代の小売流通』中央経済社。

瀬川滋［2014］「所有から利用へのパラダイムシフト」『太成学院大学紀要』第 16 巻，113-122 頁。

滝口沙也加・清野誠喜［2018］「顧客の価値創造領域に対する認識・評価についての一考察―食品小売業における業態別の分析―」『フードシステム研究』第 24 巻 3 号，161-166 頁。

滝口沙也加・清野誠喜［2019］「精肉店利用における顧客の文脈価値に関する一考察」『フードシステム研究』第 25 巻 4 号，233-238 頁。

田中滋・川渕孝一・河野敏鑑［2010］『会社と社会を幸せにする健康経営』勁草書房。

田村正紀［2001］『流通原理』千倉書房。

中島美佐子［2007］「市場研究①トイレタリーの動向－歯磨，液体歯磨，歯ブラシ…オーラルケア市場」中島美佐子著『よくわかるトイレタリー業界』日本実業出版社。

中見真也［2016］「小売業における価値競争マーケティング―ヤオコーの事例―」『ケースブック　価値共創とマーケティング論』同文舘出版，97-111 頁。

中見真也，圓丸哲麻，大崎恒次［2019］「豊島の地域再生化（ストーリー）に関する一考察―住民，観光客への調査を踏まえて―」『日本消費者行動研究学会第 59 回消費者行動研究コンファレンス報告要旨集』39-42 頁。

西山徳明［2001］「自律的観光とヘリテージ・ツーリズム」石森秀三・西山徳明編『国立民族学博物館調査報告 21　ヘリテージ・ツーリズムの総合的研究』国立民族学博物館，21-36 頁。

日本生産性本部［2017］「レジャー白書 2017」。

沼上幹［2013］「行動トレンドの変化とマーケティング戦略の合致－市場の停滞を打ち破った「ポケットドルツ」」沼上幹・一橋 MBA 戦略ワークショップ著『戦略分析ケースブック Vo.3』東洋経済新聞社。

ハワード・シュルツ［1998］『スターバックス成功物語』日経 BP 社。

ハワード・シュルツ［2011］『スターバックス再生物語』徳間書店。

ハワード・ビーバー［2009］『スターバックスを世界一にするために守り続けてきた大切な原則』日本経済新聞出版社。

藤岡芳郎［2009］「中小食品小売業における顧客関係性にもとづくマーケティング戦略の研究」『広島大学マネジメント研究』第 9 号，99-100 頁。

フッサール・E. 著，細谷恒夫・木田元訳［1974］『ヨーロッパ諸学の危機と超越論的現象学』中央公論社。

細野繁［2016］「ICT 業界におけるサービス化の進展と設計支援」『2016 年度精密工学会秋季大会学術講演会講演論文集』（精密工学会），111-112 頁。

街を元気にプロジェクト［2018］『松下幸之助は私たちの中に生きている―パナソニック 100 年あなたの街のでんきや物語―』PHP 研究所。

三浦信［1980］『小売マーケティングの展開』千房書房。

三浦一［1995］『現代小売マーケティング論』千房書房。

村松潤一［2009］『コーポレート・マーケティング―市場創造と企業システムの構築―』同文舘出版。

村松潤一［2011］「サービス・ドミナント・ロジックのマーケティング理論構築への示唆」明治大学経営品質科学研究所『経営品質科学の研究―企業活動のクォリティを科学する―』中央経済社。

村松潤一［2015a］「価値共創の論理とマーケティング研究との接続」村松潤一編著『価値共創とマーケティング論』同文舘出版，129-149 頁。

村松潤一［2015b］「価値共創型企業システムとマーケティング研究」村松潤一編著『価値共創とマーケティング論』同文舘出版，154-170 頁。

村松潤一［2015c］「サービス業・小売業の価値共創と企業システム」『価値共創とマーケティング論』同文舘出版，190-206 頁。

村松潤一［2016］『ケースブック　価値共創とマーケティング論』同文舘出版。

村松潤一［2017a］「マーケティングは価値共創をどう捉えるか」『サービソロジー』第 4 巻 3 号，1 頁（巻頭言）。

村松潤一［2017b］「価値共創マーケティングの対象領域と理論的基盤―サービスを基軸とした新たなマーケティング―」『マーケティングジャーナル』第 37 巻 2 号，6-24 頁。

村松潤一［2018］「サービス社会とは何か」村松潤一・山口隆久編著『サービス社会のマネジメント』同文舘出版。

森一彦・積高之［2019］「デジタル空間を融合するサービス体系での顧客価値の広がりの分析―スターバックスでのエクストリーム・ユーザーの分析を手掛かりとして―」『プロシーディングス 2019』（日本マーケティング学会），152-162 頁。

森重昌之［2012］「観光資源の分類の意義と資源化プロセスマネジメントの重要性」『阪南論集人文・自然科学編』（阪南大学）第 47 巻 2 号，113-124 頁。

文部科学省［2005］「『地域文化で日本を元気にしよう！』文化審議会文化政策部会報告書」。

安田隆夫［2013］『情熱商人』商業界。

安福恵美子［2001］「ヘリテージ・ツーリズムのダイナミックス：相互作用の場としてのヘリテージ」石森秀三・西山徳明編『国立民族学博物館調査報告 21　ヘリテージ・ツーリズムの総合的研究』国立民族学博物館，143-152 頁。

山平哲也［2018］「共創がもたらす IoT ビジネスの展開―デジタルトランスフォーメーションによる価値創造へ―」日本ユニシス『ユニシス技報』第 37 巻 4 号，49-63 頁。

和田充夫［2002］『ブランド価値共創』同文舘出版。

〈ウェブサイト・新聞ほか〉

Canon Marketing Thailand「Products Photography」〈https://th.canon/en/consumer/products/search?category=photography〉（最終閲覧日：2020 年 7 月 3 日）。

Fact-Link〈https://fact-link.com/mem_profile.php?pl=jp&mem=00000843&page=00001846〉（最終閲覧日：2020 年 7 月 3 日）。

HATAGO 井仙〈http://hatago-isen.jp/〉（最終閲覧日：2019 年 7 月 1 日）。

KFS 社（台湾）〈http://www.kfs-foodtech.com〉（最終閲覧日：2020 年 3 月 16 日）。

livedoor NEWS［2017］「日本の雪国を味わう。越後湯澤「HATAGO 井仙」雪国ガストロノミーツーリズム　前編」〈https://news.livedoor.com/article/detail/13968766/〉（最終閲覧日：2019 年 7 月 1 日）。

livedoor NEWS［2018］「魔境ドン・キホーテ異色の出自」〈https://news.livedoor.com/article/detail/15726592〉（最終閲覧日：2020 年 1 月 5 日）。

livedoor NEWS［2019］「ハロウィンの夜に表出する三者三様のリアル」〈https://news.livedoor.com/article/detail/17308077〉（最終閲覧日：2020 年 1 月 5 日）。

President Online［2015］「なぜドン・キホーテには“中国で認知度ゼロ”でも訪日客が集まるのか」〈https://president.jp/articles/-/18069?〉（最終閲覧日：2020 年 1 月 5 日）。

キヤノン「2019 年 12 月期決算説明会資料」〈https://global.canon/ja/ir/conference/pdf/conf2019j.pdf〉（最終閲覧日：2020 年 7 月 3 日）。

キヤノン「会社情報」〈https://global.canon/ja/corporate/information/profile.html〉（最終閲覧日：2020 年 7 月 3 日）。

キヤノン「キヤノンの歴史 1933-1961」〈https://global.canon/ja/corporate/history/01.html〉（最終閲覧日：2020 年 7 月 3 日）。

経済産業省［2019］『2019 年版ものづくり白書』〈https://www.meti.go.jp/report/whitepaper/mono/2019/honbun_pdf/index.html〉（最終閲覧日：2020 年 5 月 11 日）。

経済産業省 商務情報政策局 ヘルスケア産業課［2016］「企業の「健康経営」ガイドブック～連携・協働による健康づくりのススメ～（改訂第 1 版：平成 28 年 4 月）」〈https://www.meti.go.jp/policy/mono_info_service/healthcare/kenkokeiei-guidebook2804.pdf〉（最終閲覧日：2020 年 5 月 11 日）。

里山十帖〈http://www.satoyama-jujo.com/〉（最終閲覧日：2019 年 7 月 4 日）。

産経ニュース〈https://www.sankei.com/economy/news/171029/prl1710290009-n1.html〉（最終閲覧日：2019 年 7 月 1 日）。

サンスター（サンスターグローバル）〈https://www.sunstar.com/jp/〉（最終閲覧日：2020 年 1 月 31 日）。

サンスター「製品情報サイト」〈https://jp.sunstar.com〉（最終閲覧日：2020 年 1 月 31 日）。

サンスター「G・U・M（ガム）」〈https://jp.sunstargum.com〉（最終閲覧日：2020 年 1 月 31 日）。

サンスター「G・U・M PLAY」〈https://www.gumplay.jp〉（最終閲覧日：2020 年 1 月 31 日）。

サンスター「健康道場」〈https://www.kenkodojo.com〉（最終閲覧日：2020 年 1 月 31 日）。

一般財団法人サンスター財団〈https://www.sunstar-foundation.org〉（最終閲覧日：2020 年 1 月 31 日）。

スターバックス〈https://www.starbucks.co.jp〉（最終閲覧日：2020 年 3 月 12 日）。

東洋経済 ONLINE「パナソニック、プラズマ撤退の背景―“頼みの綱”の法人向けが想定ほど伸びず―」〈https://toyokeizai.net/articles/-/21367〉（最終閲覧日：2019 年 12 月 31 日）。

東洋経済 ONLINE「パナソニック、「脱家電メーカー」への決意―津賀社長が語る、目指す
　べき姿―」〈https://toyokeizai.net/articles/-/12627?kiji=130207〉（最終閲覧日：2020 年
　1 月 2 日）。
新潟県［2015］「新潟人口ビジョン」〈https://www.city.niigata.lg.jp/shisei/seisaku/
　jigyoproject/kurashisouzou/lifecreation.files/jinkouvision.pdf〉（最終閲覧日：2020 年 5
　月 11 日）。
ニコン「2019 年 3 月期決算報告資料」〈https://www.nikon.co.jp/ir/ir_library/result/pdf/
　2019/19_all.pdf〉（最終閲覧日：2020 年 7 月 3 日）。
日本経済新聞「地方経済面　新潟・北陸」（2011 年 6 月 16 日，2013 年 3 月 12 日，2013 年
　10 月 18 日，2014 年 10 月 30 日，2014 年 11 月 5 日，2016 年 1 月 26 日）。
日本経済新聞「モノ作らぬメーカーに　パナソニック・津賀社長の危機感」（2019 年 2 月 10
　日朝刊）。
日本経済新聞「物をつくる前に人をつくる　シリコンバレーの若手道場―道をひらく　悩む
　幸之助の子どもたち（2）―」（2019 年 12 月 18 日朝刊）。
パナソニック「企業情報」〈https://www.panasonic.com/jp/corporate.html〉（最終閲覧日：
　2019 年 10 月 27 日，同年 12 月 31 日）。
パナソニック「会社概要」〈https://www.panasonic.com/jp/corporate/profile/overview.
　html〉（最終閲覧日：2020 年 5 月 25 日）。
ミラサポ未来の企業応援サイト〈https://www.mirasapo.jp/talent/files/12.pdf# search=%27
　%E6%97%85%E7%B1%A0%E4%B8%89%E8%BC%AA%E6%9B%B8%27〉（最終閲覧
　日：2019 年 7 月 11 日）

価値共創型マーケティング研究会 実施の状況

　Vargo and Lusch［2004］に端を発するサービス・ドミナント・ロジックの中核概念である価値共創に関するマーケティング研究は，その後，Grönroos［2006］によるサービス・ロジックも加わり，さまざまな議論を生むに至った。それは，既存のマーケティング研究のパラダイム・シフトを促す契機となったばかりか，10年超の時間を経てさらなる進展がみられる。

　企業が顧客と価値共創しようとしたとき，顧客の価値創造を促進することを念頭に置きながら直接的な相互作用を求めて活動する。本研究会は，このことに焦点を当て，マーケティング活動に留まらない企業の戦略や行動に，どのような変化が生じるのかに注目してきた。そして，研究会活動における多面的な議論を通じて，実践的な側面と学術的な含意との接点を探りながら，結果的に，こうしたマーケティング研究の新地平は企業活動のどのような部分を捉えているのかについて検討することで，実践における新たな知見の獲得と研究の進展の双方の成果を求めている。

回	年月日	場　所	内　容
1	2013.5.11	広島大学東千田キャンパス	テーマ：「マーケティング研究における価値共創の論点と研究の方向性」 大藪亮（岡山理科大学） 「価値共創とマーケティングとの関係をどのように捉えることが可能か」 田口尚史（茨城キリスト教大学） 「グロース消費：不完全なオファリングの完成された価値提案への育成」 今村一真（茨城大学） 「製品使用マーケティングの試み：どのように価値共創を促進できるのか」
2	2013.8.10	広島大学東京オフィス	テーマ：「価値共創の実現に向けた製造企業の挑戦」 村松潤一（広島大学） 「価値共創研究と製造企業の課題」 清野聡（マツダ） 「自動車製造業からみた価値共創の意義と課題」 楊歓欣（小松製作所） 「顧客との価値共創　—コマツ KOMTRAX の事例—」 今村一真（茨城大学） 「製品マーケティングの課題　—主役から必然への転換—」
—	2013.11.10 マーケティングカンファレンス 2013	早稲田大学早稲田キャンパス	テーマ：「サービス・ドミナント・ロジックにおける価値共創概念とマーケティング研究及び実践」 井上崇通（明治大学） 「S-D ロジックを取り巻く新たな動向」 田口尚史（茨城キリスト教大学） 「マーケティングの新しい理論・モデルの土台としての S-D ロジック」 藤岡芳郎（大阪産業大学） 「実践へ向けて価値共創型企業システムの一考察」 清野聡（マツダ） 「自動車製造業における価値共創の思考実験および取り組み事例の紹介」

3	2013.12.21	大阪産業大学 梅田サテラ イトキャン パス	テーマ：「サービスにおける価値共創 ―S-D ロジックの知見が意味するも のとは―」 村松潤一（広島大学） 「価値共創研究とサービス業の課題」 永井圭子（倉敷 吉井旅館）・藤岡芳郎氏（大阪産業大学） 「女将がおこなう価値共創」 佐野川谷有加子（ANA ビジネスソリューション）・今村一真（茨城大学） 「サービス組織とマーケティング」 近藤正之（ユー・エス・ジェイ） 「UNIVERSAL STUDIOS JAPAN Magical Moment Project: ゲス トとクルーが創り出す価値」 大藪亮（岡山理科大学） 「顧客視点の価値共創プロセス：ユー・エス・ジェイの事例」
4	2014.3.22	明治大学駿 河台キャン パス	テーマ：「サービス・ドミナント・ロジック研究の最新動向と今後の課題」 井上崇通（明治大学） 「S-D ロジックに導入された新たな視点 ―サービス科学、システム論 を中心として―」 庄司真人（高千穂大学） 「S-D ロジック研究の動向」 田口尚史（茨城キリスト教大学） 「リレーションシップ・マーケティングの新展開」 吉橋昭夫（多摩美術大学） 「サービス・デザインのアプローチ ―カスタマー・エクスペリエンス の記述とデザイン―」 村松潤一（広島大学） 「価値共創とマーケティング研究」
5	2014.5.11	大阪産業大学 梅田サテラ イトキャン パス	テーマ：「消費プロセスにおける顧客の消費行動」 村松潤一（広島大学） 「消費プロセスにおける顧客の消費行動」 今村一真（茨城大学） 「製品の使用段階における顧客の行動分析 ―富士重工「レガシィ」の事 例から―」 渡辺裕一（川崎医療福祉大学） 「マニアによるオールドレンズのデジタルカメラへの装着 ―マニアと供 給者の相互作用―」
6	2014.9.6	広島大学 東京オフィス	テーマ：「顧客の消費プロセスで行うマーケティング」 佐藤幸夫（多摩大学） 「医療用医薬品を扱う製薬企業のマーケティング活動について ―S-D ロジックの概念がもたらす意味とは―」 森一彦（大広・関西学院大学） 「価値共創の視点から顧客の消費プロセスで行うマーケティング」
―	2014.11.23 マーケティン グカンファレ ンス 2014	早稲田大学 早稲田キャ ンパス	テーマ：「価値共創の新たな視点」 蒲生智哉（目白大学） 「Grönroos の研究の特徴」 藤岡芳郎（大阪産業大学） 「北米型研究と北欧学派の研究の違い」 村松潤一（広島大学） 「価値共創の概念化・理論化に向けた課題」

7	2014.12.21	大阪産業大学梅田サテライトキャンパス	テーマ：「企業と顧客の共創プロセス」 林 釗（広島大学）・村松潤一（広島大学） 「価値共創の成果と pay what you want 方式による価格決定」 清野聡（マツダ） 「製造業における価値共創概念の適用」
8	2015.3.15	広島大学東京オフィス	テーマ：「企業と顧客の共創プロセス ―理論と実証―」 横田伊佐男（横浜国立大学） 「価値共創におけるソーシャルメディアの役割についての実証研究」 大藪亮（岡山理科大学） 「サービス・ドミナント・ロジックにおける価値共創とマーケティング研究」
9	2015.5.10	大阪産業大学梅田サテライトキャンパス	テーマ：「価値共創概念の再検討と新たなマーケティング展開」 今村一真（茨城大学） 「価値共創概念をめぐる視点の違い」 藤岡芳郎（大阪産業大学） 「サービス・ドミナント・ロジックとサービス・ロジックの価値共創概念の共通点と相違点」 村松潤一（広島大学） 「価値共創マーケティング ―消費プロセスにおける企業と顧客の相互作用―」
10	2015.7.5	広島大学東京オフィス	テーマ：「価値共創の視角からみたマーケティング実践」 森哲男（首都大学東京） 「市場のディレギュレーションと価値共創による競争優位」 中見真也（学習院大学） 「消費者視点による小売業イノベーションを支える価値共創概念の重要性に関する一考察 　―（株）ヤオコーのケースを通じて―」 横田伊佐男（横浜国立大学） 「ハーレーダビッドソンにおける取引交換後の価値共創研究」 佐藤幸夫（多摩大学） 「製薬企業における価値共創型マーケティング導入の展望 　―患者価値構築に向けた製薬企業の積極的関与の可能性―」 森一彦（関西学院大学） 「地方銀行に見るサービス拡張と共創による文脈価値の解明」
11	2015.9.27	大阪産業大学梅田サテライトキャンパス	テーマ：「価値共創とマーケティング・システム」 菅生一郎（広島大学） 「オタフクソースにおける価値共創マーケティング 　―4Ps マーケティングとの対比から―」 今村一真（茨城大学） 「顧客に向けたサービス・プロセスの構築とマネジメントの変革 　―群馬ヤクルト販売の改革事例から―」
―	2015.11.29 マーケティングカンファレンス 2015	早稲田大学早稲田キャンパス	テーマ：「価値共創マーケティングの実践的課題」 今村一真（茨城大学） 「顧客の経験にアクセスする企業活動 　―ヤクルトが実践する "農耕型経営" の特質に迫る―」 関口明美（群馬ヤクルト販売） 「地域密着型宅配サービスの革新 ―今日も生まれる幸せのひととき―」 内藤学（水戸ヤクルト販売）※パネリスト

12	2016.3.6	広島大学 東京オフィス	テーマ：「共創によって生まれる文脈価値」 村松潤一（広島大学） 「価値共創マーケティングとは何か ―S-D ロジック、S ロジックを踏まえて―」 滝口沙也加（新潟大学・ドゥ・ハウス）・清野 誠喜（新潟大学） 「ネットスーパーの文脈価値 　　―利用当初から現在に至るまでの継続的な使用プロセスに注目して―」
13	2016.5.15	大阪産業大学 梅田サテラ イトキャン パス	テーマ：「えちぜん鉄道にみる共創プロセスの可能性」 今村一真（茨城大学） 「えちぜん鉄道にみる共創プロセスの可能性」 佐々木大二郎（えちぜん鉄道） 「あたたかくて、やさしい地方鉄道を目指して」
14	2016.9.11	広島大学 東京オフィス	テーマ：「ハーレーダビッドソンにおける価値共創」 横田伊佐男（CRM ダイレクト・横浜国立大学） 「ハーレーダビッドソンにおける価値共創 ―ユーザーと他の主体間関係から―」 奥井俊史（アンクル・アウル コンサルティング・元ハーレーダビッドソンジャパン 社長） 「経営視点から見たハーレーダビッドソンの価値共創 　　―映像とグラフで語る『顧客価値共創の実際』―」
―	2016.10.19 マーケティン グカンファレ ンス 2016	早稲田大学 早稲田キャ ンパス	テーマ：「使用段階の価値共創を見据えた企業活動」 村松潤一（広島大学） 「価値共創マーケティングの理論と実践」 野田篤（ソニーマーケティング） 「デジタル一眼カメラにおけるリカーリング型ビジネスの実践」
15	2016.11.13	広島大学 東京オフィス	テーマ：「価値共創マーケティングの 3 つのケース」 佐藤幸夫（多摩大学） 「医療用医薬品を扱う製薬企業における価値共創と医療サービス 　　―エーザイの事例から―」 森哲男（首都大学東京） 「通販型保険に見る価値共創プロセスと相互作用 　　―アメリカン・ホーム・ダイレクトの事例から―」 森一彦（関西学院大学） 「『顧客目線』を起点とした文脈価値の可能性 　　―大垣共立銀行における価値共創へのマーケティング―」
16	2016.12.18	大阪産業大学 梅田サテラ イトキャン パス	テーマ：「価値共創のメカニズムと実践的アプローチからの示唆」 村松潤一（広島大学） 「価値共創マーケティングの理論と実践」 宮脇靖典（電通） 「エージェントからカタリストへ ―価値共創における触媒機能の可能性―」
17	2017.3.5	広島大学 東京オフィス	テーマ：「ヤオコーにおける価値共創型小売業（食品スーパー）のマネジメント」 中見真也（学習院大学） 「小売業における価値共創マーケティング ―ヤオコーの事例―」 松浦伸一（ヤオコー） 「ヤオコーにおける価値共創型小売業（食品スーパー）のマネジメント」

18	2017.3.18 春のリサプロ 祭り	中央大学後楽園キャンパス	テーマ：「マーケティング研究におけるサービス視点 　　　―サービス・ドミナント・ロジックとサービス・ロジックの比較―」 大藪亮（岡山理科大学） 「マーケティング研究におけるサービス視点 　　　―サービス・ドミナント・ロジックとサービス・ロジックの比較―」 村松潤一（広島大学） 「新しいマーケティングの領域と論理　―価値共創マーケティングの構築―」 今村一真（茨城大学） 「小売業における文脈インサイトの動向 　　　―各社の事例にみる新しい解釈の試み―」
19	2017.6.11	大阪産業大学梅田サテライトキャンパス	テーマ：「お年寄りの見守りにみる顧客のコンテクスト」 今村一真（茨城大学） 「顧客の消費コンテクスト解明に向けた理論と実践の接続の試み」 神山晃男（こころみ） 「『こころみ』が拓くアクティビティの豊富化とビジネス」
20	2017.9.18	広島大学東京オフィス	テーマ：「あそびからはじまるマーケティング」 藤岡芳郎（大阪産業大学） 「マーケティング研究における価値共創と場」 河合辰哉（アソビュー） 「遊びのマーケットプレイス『asoview!』にみる価値共創とは」 村上裕子（ボーネルンド） 「『ボーネルンド』にみるあそびからはじまるマーケティング」
―	2017.10.22 マーケティングカンファレンス2017	早稲田大学早稲田キャンパス	テーマ：「顧客の生活世界に入り込むマーケティング」 村松潤一（岡山理科大学） 「価値共創マーケティングをどう考えるか」 三浦一光（コスモス・ベリーズ） 「地域の生活者の全てのお困り事を業際型ネットワークで解決するローカルプラットフォーム」
21	2017.12.3	大阪産業大学梅田サテライトキャンパス	テーマ：「価値共創マーケティングの応用と実践」 宮脇靖典（首都大学東京） 「Catalyst（カタリスト）再考　―価値共創マーケティングにおける触媒の機能―」 山川茂光（NPO法人 いきいき将来設計工房） 「国際協力支援活動における価値共創　―JICA事業の事例―」 中村真一（パナソニック） 「パナソニックが目指す価値共創」
22	2018.3.17 春のリサプロ 祭り	中央大学後楽園キャンパス	テーマ：「価値共創とマーケティング組織」 村松潤一（岡山理科大学） 「価値共創マーケティングの諸側面」 小島健嗣（富士フィルム） 「富士フィルムにおけるオープン・イノベーションと共創の仕組みづくり」

23	2018,3,18	広島大学 東京オフィス	テーマ：「価値共創マーケティングの鼓動」 藤岡芳郎（大阪産業大学） 　「流通は価値共創をどう取りむむか」 奈良英治（元ダイエー人事部長，ビッグボーイ代表取締役社長，前中国シジシー代表取締役社長） 　「サステナブル（持続可能）な流通システムとは何か」
24	2018,6,10	大阪産業大学 梅田サテラ イトキャン パス	テーマ：「さまざまなコンテクストを捉えた価値共創研究」 星田剛（愛知学院大学，イオン） 　「チェーンストア型サービス業の価値共創マネジメントに関する一考察」 大野惠子（西武文理大学） 　「顧客の自己実現に向けた価値創造モデル 　　―ホスピタリティ・ビジネスの事例から―」
25	2018,8,25	関西学院大学 梅田キャン パス	テーマ：「製造業のサービス化」 清野聡（岡山理科大学） 　「製造業のサービス化の深化」 中村真一（パナソニック） 　「パナソニックが目指す顧客との価値共創」
26	2018,9,16	広島大学 東京オフィス	テーマ：「消費のコンテクストとの接続に必要な仮説発見思考」 今村一真（茨城大学） 　「消費のコンテクスト解明に向けたアカデミックな議論の整理」 寺尾淳（アトレ） 　「駅ビル事業者の論理的思考」
27	2018,9,17	広島大学 東京オフィス	テーマ：「価値共創研究の探究」 森哲男（首都大学東京） 　「現在の戦略論における価値共創の役割」 塚原伸治（茨城大学） 　「商人たちの生活世界をいかに記述するか　―老舗の民俗学的研究について―」
―	2018,10,14 マーケティン グカンファレ ンス2018	早稲田大学 早稲田キャ ンパス	テーマ：「あそびの文脈に迫る価値共創マーケティングの理論と実践」 藤岡芳郎（大阪産業大学） 　「文脈に迫る価値共創マーケティングに必要な考え方とは」 村上裕子（ボーネルンド） 　「あそびの文脈をマネジメントする企業活動へ」
28	2018,12,2	大阪産業大学 梅田サテラ イトキャン パス	テーマ：「価値共創とインタラクション」 上西智子（東北大学） 　「健康経営における情報のインタラクション」 宮脇靖典（首都大学東京） 　「インタラクションを促進する触媒的機能」 松原永季（スタヂオ・カタリスト） 　「インタラクションを育むまちづくりの触媒的アプローチ」
29	2019,3,16 春のリサプロ 祭り	青山学院大学 青山キャン パス	テーマ：「Value in Use へのアプローチ」 西見公宏（ソニックガーデン） 　「納品のない受託開発はなぜ今の世の中に求められるのか」

30	2019,3,17	広島大学 東京オフィス	テーマ：「価値共創の視点で捉えた小売マーケティング」 中村聡太（東京ステーション開発） 　「小売店頭における価値共創に関する一考察 　　―従業員と顧客の相互作用と中心に―」 張婧（岡山理科大学） 　「顧客の価値創造をサポートする小売マーケティング」
31	2019,6,16	大阪産業大学 梅田サテラ イトキャン パス	テーマ：「さまざまなコンテクストを捉えた価値共創研究」 藤岡芳郎（大阪産業大学） 　「価値共創の視点から地域活性化に向けた取り組みの考察 　　―東大阪市の魅力発見・発信・創造に向けた基礎的調査から―」 三谷昴輝（クジラ・SEKAI HOTEL） 　「SEKAIホテルの地域活性化のビジネス」 山之内敦（（一社）ビジネス共創協会）・白谷将規氏（大東商工会議所） 　「共創プラットフォームによる地域活性化活動」
32	2019,9,15	広島大学 東京オフィス	テーマ：「価値共創を支援するマネジメント」 今村一真（茨城大学） 　「顧客にとっての価値を捉える企業活動とは 　　―ノルディック学派の研究含意を紐解きながら―」 沼崎周平（ユーゴー） 　「キャストの成長プロセスを重視するマネジメント」
―	2019,10,20 マーケティン グカンファレ ンス 2019	法政大学 市ヶ谷キャ ンパス	テーマ：「価値共創志向と地域の活性化」 矢野浩一（クジラ・SEKAI HOTEL） 　「『SEKAI HOTEL』の事例からみる地域の活性化」 村松潤一（岡山理科大学） 　「価値共創、価値共創マーケティング研究の到達点と課題」
33	2019,12,1	大阪産業大学 梅田サテラ イトキャン パス	テーマ：「オンラインにおけるインタラクションと価値共創」 藤岡芳郎（大阪産業大学） 　「SNSによる場の生成と価値共創 ―4Cアプローチから―」 折田楓（merchu） 　「インスタグラムを活用した情報発信と相互作用から生まれる価値」 表泰之（ボーダレス） 　「共創プラットフォームによる国境なきITビジネス」

索　引

執筆者紹介 （執筆順，○印は編者）

○村松　潤一　岡山理科大学経営学部・教授
　　　　　　　第1章

○藤岡　芳郎　大阪産業大学経営学部・教授
　　　　　　　第2章

　上西　智子　東北大学大学院経済学研究科・博士研究員
　　　　　　　第3章

　清野　　聡　安田女子大学現代ビジネス学部・教授
　　　　　　　第4章

　江　　向華　京都先端科学大学経済経営学部・准教授
　　　　　　　第5章

　星田　　剛　安田女子大学現代ビジネス学部・教授
　　　　　　　第6章

　中見　真也　神奈川大学経営学部・准教授
　　　　　　　第7章

　滝口沙也加　宮城大学食産業学群フードマネジメント学類・助教
　　　　　　　第8章

　清野　誠喜　昭和女子大学生活科学部・教授
　　　　　　　第8章

　森　　一彦　関西学院大学専門職大学院経営戦略研究科・教授
　　　　　　　第9章

　森　　哲男　東京都立大学経済経営学部・非常勤講師，茨城大学人文社会科学
　　　　　　　部・非常勤講師
　　　　　　　第10章

　宮脇　靖典　岡山理科大学経営学部・教授
　　　　　　　第11章

○今村　一真　茨城大学人文社会科学部・教授
　　　　　　　第12章

〈編著者紹介〉

村松　潤一（むらまつ・じゅんいち）
岡山理科大学経営学部・教授　　博士（経営学，東北大学）
〈主な著書〉
『サービス社会のマネジメント』（共編著，同文舘出版，2018 年），『ケースブック　価値共創とマーケティング論』（編著，同文舘出版，2016 年），『価値共創とマーケティング論』（編著，同文舘出版，2015 年），『サービス・ドミナント・ロジック―マーケティング研究への新たな視座』（共編著，同文舘出版，2010 年）ほか多数。

藤岡　芳郎（ふじおか・よしろう）
大阪産業大学経営学部・教授　　博士（マネジメント，広島大学）
〈主な著書〉
『サービス社会のマネジメント』（共著，同文舘出版，2018 年），『新興国市場と日本企業』（共著，同友館，2018 年），『ケースブック　価値共創とマーケティング論』（共著，同文舘出版，2016 年）ほか多数。

今村　一真（いまむら・かずま）
茨城大学人文社会科学部・教授　　博士（マネジメント，広島大学）
〈主な著書〉
『サービス社会のマネジメント』（共著，同文舘出版，2018 年），『ケースブック　価値共創とマーケティング論』（共著，同文舘出版，2016 年），『ベーシック流通論』（共著，同文舘出版，2015 年）ほか多数。

2020 年 8 月 30 日　　初版発行　　　　　略称：ケース価値共創

ケースで学ぶ　価値共創マーケティングの展開
―新たなビジネス領域への挑戦―

　　　　　　　　　　　村　松　潤　一
　　　編著者　　©藤　岡　芳　郎
　　　　　　　　　　　今　村　一　真

　　　発行者　　中　島　治　久

発行所　同 文 舘 出 版 株 式 会 社
　　　　東京都千代田区神田神保町 1-41　〒 101-0051
　　　　営業（03）3294-1801　　編集（03）3294-1803
　　　　振替 00100-8-42935　　http://www.dobunkan.co.jp

Printed in Japan 2020　　　　　　　　　　印刷：萩原印刷
　　　　　　　　　　　　　　　　　　　　製本：萩原印刷

ISBN978-4-495-65005-6

本書とともに〈好評発売中〉

価値共創とマーケティング論

村松潤一［編著］

A5判・270頁
定価（本体2,700円＋税）

ケースブック
価値共創とマーケティング論

村松潤一［編著］

A5判・244頁
定価（本体2,500円＋税）